損害賠償訴訟と弁護士の使命

医事関係訴訟を素材に

鈴木利廣
Toshihiro Suzuki
＝著

日本評論社

はじめに

筆者は1976年に弁護士登録をし、今日まで約47年間、主に「医療と人権」を課題として活動してきました。臨床法務としては、医療事故訴訟、薬害エイズ訴訟、薬害肝炎訴訟、ハンセン病訴訟などです。なお臨床法務は2020年以降、新件の受任はせず、現在は弁護士を引退しています。

活動については時間や労力の3分の2を医療と人権活動に使い、残りの3分の1を経済的自立も含め医療と人権以外の一般事件活動に使ってきました。

医療と人権活動は臨床法務から政策・運動・研究・教育へ及びました。

その中で特に損害賠償訴訟に関する臨床法務については、それまで手控えメモとしてきた考え方を、1990年代後半からは後輩弁護士への研修用に、また2004年からは法科大学院教育において講義資料として、それぞれマニュアル化・レジメ化して教材にしてきました。

それらの教材資料を改めて分析し、司法制度を活用することで社会的制度の改善を図ってきた活動をまとめる作業をしてできあがったのが本書です。

第1章で「弁護士の使命と活動における考え方」を総論的にまとめました。

第2章と第3章は医療と人権活動、とりわけ医療事故訴訟および薬害訴訟を前提とした損害賠償訴訟についての解説です。

医療と人権の課題は、医療制度の中での人権侵害、とりわけ生命・健康侵害について、損害賠償訴訟を活用して、人権侵害の原因を分析し、被害の回復・救済および再発防止を実現しようとするものです。

第2章の展開的損害賠償責任要件論は、前記の目的達成のために損害賠償請求権がより成立しやすい構成を考えたもので、従来の司法慣例とは多少異なった構成（因果関係論を土台とする構成）をしています。それを「展開的」と呼んできました。

第3章の戦略的民事訴訟手続論は損害賠償請求権を民事訴訟手続の中で、より迅速かつ充実した審理によって実現するために、現行民事訴訟法施行（1998年）の10年近く前からの実践を、現行民事訴訟法の計画審理に合わせて「戦略的」に分析したものです。

筆者は民事訴訟について臨床実務の実践の中で、若手時代には被告側との戦いであると認識してきましたが、その後むしろ裁判官の説得競争との認識に変わりました。裁判官を説得するためには損害賠償責任要件論や民事訴訟手続論を通説判例や実務慣行に従うのではなく、その技術改善に努めるべきと考えるようになりました。そのことが本書に反映されています。

第4章の実践的運動論は主に損害賠償訴訟を手段として、医療分野における人権課題について目的（被害回復・救済および再発防止）を実現するために行ってきた具体的人権運動の経験を紹介したものです。

本書は、これまでの活動（最後の別表活動概要参照）を分析して、これからの様々な人権活動を担っていく若手弁護士の方々に多少なりとも参考になればと考えての執筆です。
なお、市民運動として人権活動を弁護士とともに行っている依頼人や活動家の方々にもご参考になれば、望外の喜びです。

2023年10月

鈴木利廣

目次

第4章　実践的人権運動論

第1章

弁護士の使命と活動における考え方

Ⅰ　弁護士の使命

実践的人権運動論（第４章）を述べる前に、人権運動を念頭に弁護士の使命について考えてみたいと思います。

1　弁護士法第１条（弁護士の使命）

弁護士の使命について弁護士法第１条は次のように規定しています。

第１項　弁護士は、基本的人権を擁護し、社会正義を実現することを使命とする。
第２項　弁護士は前項の使命に基き、誠実にその職務を行い、社会秩序の維持及び法律制度の改善に努力しなければならない。

2　基本的人権擁護と社会正義の実現（第１項）

人権とは何か、正義とは何かについては抽象的概念の理解（「人権とは人間の権利」「正義とは正しいこと」）にとどまり、その具体化についての議論は充分でないようにも思います。

私は、「人権とは、よりよい人間的生存、人間の尊厳を実現するために保障されるべき主張・要求をする資格」と捉えています。

そして人間の尊厳は生命の尊厳、個人の尊厳、道具的利用・差別的扱いの禁止などを内容とし、その具体化のために基本的人権規定が存すると解しています。

それでは正義はどのような考え方に支えられ、何を目的にしているのでしょうか。

人間の尊厳は正義を支える理念であり、正義は平和的共存を目的にしているのではないか、と考えています。

正義は日常的生活の中で実感されることは少ないと思いますが、人間の尊厳が侵害される事象が発生したときに「正義が害された」と感じるのだと思います。その際にどのように正義を回復するのかが問題とされ、古くから応報的正義論（報復による正義の回復）が支配してきました。しかし、応報はさらなる争いをも生み、正義の奪い合いにもなりかねません。

法哲学の分野では近年、「修復的正義論」（Ⅱ9参照）が登場してきました。

3　職務の誠実性、社会秩序維持、法律制度改善（第2項）

弁護士は基本的人権擁護と社会正義の実現という使命に基づき①職務の誠実性、②社会秩序維持、③法律制度改善に努めなければならないとされていますが、これらはより具体的にはどのような職務なのでしょうか。以下私見を述べます。

(1)　職務の誠実性

誠実とは「まじめに」「まごころをこめて」「正直に」などを意味しますが、主観的にこのような心がけで職務を行うことは当然ですが、現代では利益相反・責務相反ある関係性を踏まえて、利益の優先順位を共有・認識することではないかと考えています。

弁護士の職務には、依頼人の利益、社会の利益（公益）、弁護士の利益が関わっています。これらの利益は正当な利益であることを前提とします。

依頼人の利益と公益が一致する場合には問題がありませんが、その2つが対立する場合には依頼人の利益と公益を調整することが必要となります。なお、公益は公権力の利益ではなく、公衆の利益を意味します。

また、依頼人の利益と弁護士の利益が対立する場合には、依頼人の利益を優先することが求められていると考えます。

このように利益（責務）が相反関係にあることを依頼人と共有しながら、信頼関係を形成して職務にあたることが求められていると考えます。

つまり依頼人中心の考え方です。

さらにここから、依頼された業務が自らの専門分野と異なる場合には、専門弁護士との間での協働、専門弁護士からの助言、専門弁護士への紹介が必要となります。

(2)　社会秩序維持

社会秩序の「維持」が責務だとすると、その社会秩序は正義にかなった状況であるからこそ「維持」しなければならないとされるのだと思います。つまり、現在の社会秩序を支える現行法をその目的・理念に基づいて解釈し運用していくことが求められ、そのような法の運用を妨げている要因を排除すること、そのためにあるべき法解釈学と運用が求められていると考えます。

(3) 法律制度改善

現行法の規律では正義が実現できないと考えた場合には、法律制度の改善（法改正、新法制定）に努力することになり、法政策学と社会的運動が求められていると考えます。

4 弁護士のプロフェッショナリズム

以上の考え方から、紛争の解決のみならず、紛争防止、さらにはあるべき社会制度に向けた人権運動、そのための訴訟手続や市民運動への関与が弁護士には求められていると考えます。

ところで、このような日常活動は個人の弁護士が1人で担えるものではありません。そこで弁護士は集団として活動することが重要です。当事者（依頼人）が多数の集団訴訟では当たり前のことですが、そうでない場合にも集団的取組みが不可欠な場合は少なくありません。

新人・若手、中堅・壮年期、熟年期が集団となることで予測外の力量を発揮してきた歴史を弁護士界も経験してきました。

歴史的にみても、新しい課題解決の場合の新人・若手の活躍、熟年期弁護士の経験の活用、世代を超えた集団的活動がＯＪＴ（実務実践教育）としても反映しているように思います。新しい困難な課題が新人・若手を育ててきたともいえます。

私は若き時代の柔道への励みから得た「心・技・体」を弁護士業にも反映させ、「熱き心・高い専門技術・機敏な行動力」と置き換えて考えてきました。これら心技体は専門職が個人で完結することは難しく、集団力が不可欠とも考えています。

ちなみに私見による専門職の定義は「解決困難な苦悩を抱えた依頼人に対し、苦悩の軽減・除去を目的として高い専門技術を提供する職業（プロフェッション）、職業人（プロフェッショナル）」とし、専門技術の高さを基準とする「専門家」（スペシャリスト、エキスパート）とは異なる概念と考えています。

そこで、専門職には依頼人と社会の信頼に応えるべく、特別の主義・志向（プロフェッショナリズム）が求められています。依頼人・社会とのパートナーシップ、専門職倫理、専門職責任ともいわれています。

その目的・理念は前述の「弁護士の使命」ですが、その実現のためには、⑴専門職能集団としての独立性・自治性・自律性が求められ、同僚審査や教育も不可欠とされ、倫理綱領の制定が必要とされています。

また、活動形態として臨床のほかに研究・教育・政策・運動も必要とされています。

Ⅱ　活動における考え方

約47年間の弁護士活動（１９７６年弁護士登録）の中で多くの方々から学ばせていただきました。ここではその中で形成した考え方を簡単にご紹介したいと思います。

そのうえで、損害賠償訴訟や人権活動についての理論や戦略について述べてゆきたいと思います。

1　「被害に始まり、被害に終わる。事実が弁護士を鍛える」（公害弁連）

司法修習時代に４大公害訴訟の現場を訪問し、当時の若手弁護士から聞いた公害弁連（全国公害弁護団連絡会議）の教えでした。弁護士登録後にその意味をしみじみと感じるようになり、活動に悩みが生じた際には現場で考え、被害者の言葉から学ぶ姿勢が必要だと思うようになりました。

2　「患者の心を心として」（渡辺良夫）

弁護士１ヶ月目に参加した講演会「医療過誤訴訟の実務」での渡辺良夫弁護士の教えでした。依頼人である患者が何を望んでいるかに思いを致し、弁護士業務に励むことの重要性を指摘されたと考えています。

3　「情報と決断と方策の共有」（木村利人）

この言葉はインフォームド・コンセントについての木村利人氏（早稲田大学名誉教授）の解説です。医師と患者のどちらの意見を優先するのかを決める前に、両者が共同意思決定できるような対話の重要性を説いていると考え、その理念は民主主義社会の原理でもあると思うようになりました。

専門職のパターナリズム（父権主義）からの脱却でもあります。

討論の仕方についても学びました。シンポジウム等では会場にスタンドマイクを立て、そこに並んだ順に発言していただきながら、かつ論点を整理してゆくことが重要と考えるようになりました。

民主主義では多数決原理を優先するのではなく、全員一致を目指し、そのうえで多数決原理は苦渋の選択として、少数意見を切り捨てるのではなく多数意見に反映させる努力をすることが重要になります。

１９９５年に日本を訪れたラルフ・ネーダー氏の発言「情報は民主主義の通貨、弁護士は公正のエンジン」にも学ばされました。

4　活動目的は被害の回復・救済と再発防止

医療事故紛争に関わる目的について、医療問題弁護団（１９７７年設立）が創設された当時からの団員の活動についての共通の認識でした。その目的は個別事案を超えて制度改善に向けられていました。初代代表でもあった渡辺良夫弁護士の教えでもありました。

5　活動についての目的・理念・戦略の統一と明確化

様々な活動を集団で行う際に重要なことは、活動の目的をより具体的にはっきりさせ、その目的をどのような理念によって行い、そこからどんな戦略を編み出していくのか、そんなことを集団で考えることが重要です。

１９９５年に日本を訪れたアーサー・キノイ氏の発言「誤解を恐れずに言えば、民衆派弁護士は、裁判に勝つことよりも民衆の怒りに火をつけることが重要だと考えるべきだ」にも学ばされました。裁判は正義を回復・実現する手段にすぎず、民衆の怒りが社会を改革することを常に念頭に置くことになりました。

加えて、社会改革の人権運動は政治的中立性（すべての政党との等距離）も大事にする必要があると考えてきました。

6　過去を振り返り、未来を展望して、現在を考える

活動戦略に悩んだ際には、過去の成果と反省を分析し、未来への課題を展望することで現在の戦略を改めて考えることも大事なことと考えます。

また過去の成果に驕れることなく、未来を展望することも大事です（平家物語「祇園精舎」）。

7　研究活動の重要性

「専門職は臨床・研究・教育・政策・運動の分野で活動すべき」と１９８４年に木村利人氏から教えられました。弁護士になって臨床法務（紛争解決を中心とした弁護士実務）を行いながら、政策づくりや人権運動にも関与してきましたが、研究や教育にも活動を広げることが重要との認識をもちました。

１９８１年に日本医事法学会に入会し、研究者との交流も始めていましたが、学問について興味を抱き、その後法社会学、生命倫理学、法哲学等にも関心をもつようになりました。研究活動を行うことで、教育活動の必要性も感じ、明治大学法科大学院専任教授（２０１７年定年退職・名誉教授）もお引き受けしました。

なお、**資料1**では、学会誌等の以下の巻頭言での回顧録にて実務家にとっての研究・教育活動への重要性を指摘させていただきました。

⑴「弁護士にとっての医事法学研究」（年報医事法学32号）
⑵「バイオエシックスとの（運命的）出会い」（生命倫理28号）
⑶「医事法学界の歩み」（明治大学ＥＬＭ）

8　専門性と総合性のバランス、学際的研究

臨床法務について判例・学説的知識を反映させるだけでなく、学際的研究によって視野を広げ、総合性を加味して専門性も深まることを学びました。ちなみに木村利人流バイオエシックスは人権を基盤にした超学際的学問とされています。

9　修復的正義論

弁護士法第１条に規定された基本的人権や社会正義、さらには法の究極的目的を考え始め、法哲学を専門にする若手研究者のすすめで修復的正義（ハワード・ゼア著『責任と癒し』〔２００８年、築地書館〕参照）を学ぶことになりました。

修復的正義は、人権侵害等により正義が害されたとき、被害者の気持ちを加害者と関係者が理解・共感し、３者で再発防止策を検討して正義を回復する考え方であると理解しました。

正義は平和的共存を目的にした理念であり、人間の尊厳論によって支えられ、人間の尊厳論は基本的人権によって支えられていると考えるようになりました。平和を志向する正義論は応報的正義論を超え、修復的正義論が求められていると思い、一般の民事紛争解決業務の中でも対話による紛争解決

を重視するようになりました。

10　組織ガバナンスへの役割

様々な団体組織には、近年、ガバナンス（統治）が求められるようになりました。人権侵害には加害に個人が関与することになりますが、その個人の所属する組織の体質が影響していることも少なくありません。それぞれの団体組織にはリスク・マネージメント（危険管理）、コンプライアンス（法令遵守）が求められてきましたが、近年はその前提として各組織にインティグリティ（誠実性）に基づくガバナンスが必要とされています。

不祥事がきっかけでガバナンス改善が求められることも少なくありませんが、日常的にあるべきガバナンスに向けて組織改革が必要とされています。

人権運動を進めて制度改善運動をする際に必要なのはガバナンスです。制度を改革しても、その制度を運用する主体（組織）にガバナンスが不充分であれば、社会改革にはならないからです。

ガバナンスは国・地方公共団体などの公共ガバナンスから始まり、企業のコーポレートガバナンスに至るまで、現在では様々な組織のあり方として問題となっています。公益事業を担っている民間組織のガバナンス問題もあります。

そこでよりよい制度改善を行いながら、その制度を運用する組織のガバナンスにも配慮しながら人権運動を展開することが必要です。

かつて末弘厳太郎は「役人学三則」（1931年）の第2条において「およそ役人たらんとする者は

法規を楯にとりて形式的理屈をいう技術を習得することを要す」として、行政を運用する官僚の特質を批判しています。この官僚体質は残念ながら現在まで続いていますので、そのことを認識して行政改革を進めてゆく必要があります。つまりコンプライアンス（法令遵守）だけでは人権侵害の防止には不充分と考えています。

また、リスク・マネジメントは自らへの危険を管理することからできた用語であり、他者への危険管理にはつながらないものです。

11　法的責任の考え方

人権活動の目的として再発防止を掲げる場合、民事責任は個人責任から組織責任論に移行する必要があると考えます。個人については、米国医療の質委員会／医学研究所著『人は誰でも間違える』（２０００年、日本評論社）の考え方から原則として過失責任を問わず、組織におけるシステムエラーを基本とする必要があると考えます。

個人責任（刑事責任を含む）を問う例外的な場合の要件としては、故意のルール違反を前提とする結果的加重犯的過失責任に限定すべきと考えます。

12　スポーツマンシップと民主主義

民主主義のあり方を考えるうえで、スポーツマンシップ（広瀬一郎著『新しいスポーツマンシップの教科書』〔２０１４年、学研教育出版〕参照）も参考になりました。スポーツは競争相手のいる競技（game）で、そのプロセスを楽しみ（play）、相手への敬意を忘れないことがスポーツマンシップであり、人間社会が競争社会であることから人間社会のあり方、民主主義にも通じる概念と考えるようになりました。

スポーツマンシップの望ましい例としては、１９７７年の男子全英オープンゴルフの最終日最終ホールに象徴されるジャック・ニクラウスとトム・ワトソンの「真昼の決闘」が挙げられます。ジャック・ニクラウスはGood Loser（良き敗者）ともいわれました。

望ましくない例としては、１９８９年のプロ野球日本シリーズ第3戦での勝利投手加藤哲郎選手（近鉄）の発言と、第7戦で加藤投手からホームランを打った駒田徳広選手（巨人）の発言が挙げられていると思います。こちらはBad Winner（悪しき勝者）の例でもあります。

どちらもリアルタイムのテレビ中継で見て記憶に残りました。

13　論争と平和的口喧嘩道

臨床法務においても学会などにおいても論争は絶えません。より論理的かつ実証的に主張することが必要です。

そんなことを考えながら酒席などでの楽しい論争も増えてきました。そんな折、口喧嘩の意義を考えるようにもなりました。

報道で暴力事件などを見ると、口喧嘩の下手な人ほど暴力をふるうのではないかとも思えてきました。

喧嘩は辞書によると「言い争い」ともされ、時として暴力を伴ってきました。しかし言い争い＝論争は人間社会にはある意味必然です。したがって平和的喧嘩道（口喧嘩の仕方）を磨けば、平和な社会がくるかも、とも思えてきました。

スポーツマンシップや修復的正義論とも関連し、以下のような口喧嘩の目標としての「口喧嘩道十ヶ条」をつくってみました。

一、口喧嘩道は非暴力、平和的喧嘩道。
二、目標は相手の清々しい敗北感。相手からの嫌悪感や生意気感を越える。相手の逃げ道もつくる。
三、聴衆の感嘆も意識する。
四、攻撃的理由の背後に支援的理由も潜ませる。
五、相手を自分の土俵に引き込まず、自ら相手の土俵に入る。
六、個人的喧嘩と社会的喧嘩と学問的論争の違いを意識しつつ、論理を組み立てる。
七、売られた喧嘩は買うが、喧嘩は売らないよう心がける。信頼する友人に売られた喧嘩は、場合によっては代わりに買う。
八、論理性と感情性、人道性と社会性の総合戦略。
九、どんな質問にも答えられる訓練が大事。
十、頭に浮かんだことは即座に口に出す。

14　被害者からの学び

依頼人である被害者から学ぶことも少なくありません。２００７年に薬害肝炎被害者が記者会見で述べた「自分のことなら諦められる、人のためなら頑張れる」も弁護士にとっても大事な心構えのように思いました。

15　時間の使い方

弁護士業務を開始するや否や多忙な毎日を送らざるをえず、ある時期から「社会的役割と経済的自立と個人的自由（生活）」のバランスを考えるようになりました。

人生の歩み方におけるこの３つの要素（３本の足）はバランスを崩すと倒れやすくなります。３ヶ月、半年、１年の期間で修正しながら長い年月弁護士業を営んできたように思います。

そのために手帳にはあらかじめ予定を入れない日や期間を書き込むようになりました。仕事と生活の相互乗り入れのために弁護士13年目の１９８８年に事務所も生まれ育った地元に移転しました。

毎年の年末年始、ＧＷ、８月はできるだけ業務を入れず、そのほかは土日と平日の区別もつけずに過ごしてきました。

資料１

「巻頭言」での回顧録

1 「弁護士にとっての医事法学研究」（年報医事法学32号、2017年）

1．はじめに

１９７６年4月に弁護士登録をし、同年5月連休明けに「医療過誤訴訟の実務」という講演会に参加したのが、振り返ってみると医事法学を学び始めた最初であったように思う。この講演会がきっかけで研究会ができ、翌年10月に医療問題弁護団が発足し、以後、医療事故を課題とする患者側弁護士集団が全国に広がった。

日本医事法学会に入会したのは１９８１年だった。医療事故の被害救済と再発防止に取り組むうえで、学問的研究にも接してみたいと考えたことが入会動機だ。

弁護士が真の専門家となるためには研究も大事であると教えてくれたのは木村利人先生だった。１９８４年に患者の権利宣言運動を始めた際に、何度か木村先生の講演会に参加し、木村流バイオエシックスを学ぶ機会を頂き、その中で、真の専門家は臨床・研究・教育・政策・運動の5分野での総合的活動が重要であることを教えられ、それまで不充分だった研究・教育も意識するようになった。

医療事故対策を中心に始めた医事法学研究も、１９８９年提訴の薬害エイズ訴訟、１９９９年提訴のハンセン病訴訟（東日本訴訟）、２００２年提訴の薬害肝炎訴訟を担当することで、薬害や感染症医療被害へと広がった。

その根幹にある医療制度改革についても患者の権利宣言案（１９８４年）、患者の権利法案（１９９１年）、医療基本法案（２００９年）と深化していったように思う。

２００４年から明治大学法科大学院医事法学担当専任教授として専門法曹養成にも関わり、本年３月末に定年退職することになった。

41年間、医療被害の救済と再発防止を中心課題に、臨床・研究・教育・政策・運動という広範囲の活動を行いながらの、弁護士にとっての医事法学研究の意義について、思いついたことを記してみたい。

２．弁護士の使命から

弁護士法第１条は「弁護士は、基本的人権を擁護し、社会正義を実現することを使命とする。」（１項）とし、「弁護士は前項の使命に基づき、誠実にその職務を行い、社会秩序の維持及び法律制度の改善に努力しなければならない。」（２項）と規定している。

基本的人権は人間の尊厳を実現するための理念である。人権確立分野における人権侵害に対応するだけでなく、未確立分野において人権を定立してゆくことも必要である。医事法学分野では医療における患者の権利の確立が、日本においては１９８０年代から問題提起されてきた。

正義については伝統的な応報的正義論に留まらず、修復的正義論に基づく人権回復や社会改革が21世紀になり求められてきた。応報的正義論では正義の奪い合い現象を招き、真の正義に到達しない危険が現実化している。

弁護士業務の方向性については、社会秩序維持と法律制度改善とされているが、前者は法解釈学を、後者は法政策学を必須とし、そのための学問研究も不可欠である。

なお、誠実な職務とは現在どんな理念を必要としているのであろうか。そもそも弁護士業務は依頼人と社会の期待に応えるべき職務であるが、弁護士の利益は依頼人の利益と、また依頼人の利益は公共の利益と、時として相反する。このような利益相反を認識して、依頼人の利益と公共の利益を調整して、弁護士の利益を劣位に置くことが求められているように思う。弁護士倫理と医療倫理は専門職倫理として共通点も有する。

３．医療被害の歴史から

医療は、歴史的には御殿医（武士の健康）、軍医（軍人の健康）、産業医（労働者の健康）と国策が医師中心に経過して、１９８０年代あたりからすべての人々のための医療のあり方が問題とされてきたように思う。このような状況の中で起こされてきた医療被害の概要には次のようなものがある。

第１に感染症対策である。伝染病予防法（１８９７年制定）から始まり、癩予防ニ関スル件（１９０７年制定）、結核予防法（１９１９年制定）、花柳病予防法（１９２７年制定）と続いて、隔離中心の対策が行われ、戦後のエイズ予防法（１９８９年制定）も問題とされ、現在では感染症予防医療法（１９９８年制定）につながった。この隔離政策と患者差別の違憲性を明らかにしたのがハンセン病訴訟熊本地裁判決（2001年5月11日）である。

第2に精神病対策である。江戸時代の私宅監置（座敷牢）を合法化した精神病者監護法（1900年制定）から始まり、精神病院法（1919年制定）、精神衛生法（1950年制定、現在は名称が精神保健福祉法）と続き、隔離中心の対策が継続されてきた。この隔離政策と患者差別を批判したのが「精神病者私宅監置ノ実況及ビ其統計的観察」（1918年、呉秀三）であった。その後も精神外科ロボトミー手術、患者虐待事件、治療拒否事件等が社会問題とされ、現在では身体拘束、向精神薬への依存、精神病院の敷地内の病棟転換型居住施設が問題とされている。

第3に医療事故である。文献に残る日本最古の判決は1905年である。以来、21世紀に至るまで訴訟中心の被害救済で、事故防止制度も存在しなかった。1999年の2つの大病院の事故が発火点となり、患者安全のための院内体制制度（2002年医療法施行規則改正）や医療事故調査制度（2014年医療法改正）が法制化されるに至った。

第4に医薬品被害である。戦後初めての薬害事件はジフテリア予防接種禍（1948年）で、その後も薬害訴訟が1963年以降サリドマイド、キノホルム、クロロキン、血液製剤、ヒト乾燥硬膜、イレッサ、HPVワクチン等々50年以上継続し、訴訟化されない医薬品の社会問題化も少なくない。薬害訴訟がきっかけで医薬品副作用被害救済制度が、また薬事法改正が繰り返されてきたが、抜本的再発防止策は未だになされていない。

第5に臨床研究における被験者の権利侵害である。

これらの対策には臨床法務と研究が不可欠であり、医療制度の目的・理念を明確にした医療基本法構想とこれに基づく現行医事関係法規の総点検が必要である。

4．法曹養成から

医事法専門法曹を養成するためには、弁護士登録後の継続教育が極めて重要で、弁護士会・各種弁護団等の専門職能集団としての取り組みや学会・研究会等の研究集団への弁護士参加を促進する必要がある。

法律事務所経営を円滑に行いながら、非採算部門であるこれら人権擁護活動を専門分野とするには、混合型弁護士（一般事案を総合弁護士として受任する専門弁護士）養成を意識することが重要と考えている。

2　「バイオエシックスとの（運命的）出会い」（生命倫理28号、2017年）

バイオエシックスとの出会いは１９８４年だった。

当時私が事務局長をしていた医療問題弁護団（１９７７年設立）では、医療事故防止策の提言を検討していた。１９７９年に提言した４つの防止策の中に医師・患者関係の改善があり、中川米造氏、川上武氏、砂原茂一氏らの助言を受けながら患者の権利の検討を始めていた。そんな折に砂原茂一氏からジョージタウン大学の「Encyclopedia of Bioethics」（第１版、１９７８年）の「患者の権利」を教えられ、１９８４年４月の患者の権利宣言案（第１稿）に反映することが出来た。

そのことが同年4月に朝日新聞で報じられると様々な方々から問い合わせを受け、その中に医学書院編集部の乾成夫氏がいた。乾氏からは、当時木村利人氏と岡村昭彦氏がバイオエシックス・患者の権利に関する講演を全国的に開催していることを教えられ、この講演会の追っかけ（わずか10日間に4度の講演会参加）をすることになった。１９８４年10月14日に全国起草委員会「患者の権利宣言案」を発表した直後で、人権運動を基盤にした超学際的な木村利人流バイオエシックスに魅せられた瞬間であった。

医療における医師と患者の関係性から、大人と子ども、男と女と家族、健常者と障がい者、弁護士と依頼者、司法と市民、様々な人間的コミュニケーションや近未来社会のあり方に思考は飛び、自らの生き方をも問い始めることになった。37歳にして、人生のターニングポイントであった。

医療と人権を基盤に、様々な強者・弱者の関係の中における弱者の権利宣言にも関心が広がり、そこでの学びを医療と人権に反映させる循環的思考、更には弁護士実務のみならず、研究・教育や政策・運動の分野にも実践を広げることの重要性を学んだ。

また医療と人権分野における弁護士活動も、医療事故訴訟のみならず、大規模訴訟としての薬害エイズ訴訟（１９８９年提訴）、ハンセン病訴訟（１９９９年提訴）、薬害肝炎訴訟（２００２年提訴）への取り組みにのめり込むことにもなった。１９８９年は日本生命倫理学会第１回研究大会が開催された年でもあった。

社会的弱者の立場に立ち、人間の尊厳のあり方を考え、被害の回復と再発防止システムを前進させる活動のきっかけは人権運動論的バイオエシックスから学んだように思う。

なお、前記の大規模訴訟はエイズ予防法廃止と感染症予防医療法制定、ハンセン病補償法とハンセン病問題解決促進法の制定、薬害肝炎被害救済法と肝炎対策基本法の制定をもたらし、これらの法律の各前文には前記訴訟の成果が反映された。長年にわたる医療事故対策は医療法改正による院内安全体制と事故調査制度を生んだ。

さて、70歳を迎え、明治大学専任教授を定年となったが、４月からは学長特任補佐として、明治大学「医事・生命倫理と法」分野の確立をめざし、研究・教育のあらたな設計を始めることになった。本当の定年は、もう少し先になりそうだ。

３「医事法学界の歩み２０１８」（明治大学ＥＬＭ、２０１９年）

日本の医事法学の本格的研究は唄孝一先生の研究とされた医療過誤と患者の同意原則を一つのきっかけとしつつ、日本医事法学会の設立からのようだが、その前史は今から１００年以上前の大正時代に遡り、山崎佐の医事法制学とされているようだ。

唄先生は、自らの医事法研究を振り返りながら、段ボール箱３５０もの資料（ＥＬＭの森）を２００２年から２００８年まで整理され、未完のまま２０１１年に亡くなられた。

その整理には段ボール１箱につき１週間以上をかけられた計算になるが、さぞ感慨深い分析に基づいていたのではないかと想像する。

明治大学の医事法学研究はこの資料分析から開始され、教育は２００３年から大学院法学研究科に

２００４年から法科大学院に、２００８年から法学部にそれぞれ「医事法」科目が開設され開始された。２０１０年には法学部、法学研究科、法科大学院の各医事法科目はすべて専任教員によって担当され、法学部における資料館創立も決定され、唄先生がそれらを見届けて亡くなられ、２０１５年に資料館の開館となった。時おりしも、法律時報での学界回顧から医事法学が割愛される直前であった。

私は１９７６年に弁護士登録し、その直後から医療過誤訴訟への取組を開始し、１９８１年に日本医事法学会に、１９８９年に日本生命倫理学会にそれぞれ入会し、いつの間にか医事法学分野での法曹実務と学問研究を架橋し始めていた。

２０１７年には２００４年からの法科大学院専任教授を定年退職し、その後２０２０年までの3年間、学長特任補佐として、明治大学における医事法学のブランディング化のお手伝いをすることになった。

最近は43年間に及ぶ医事法学分野での活動を、資料整理から振り返り始め、資料整理とはいえ、いかに多くの時間を費やさざるを得ないか、唄先生の資料整理にかける思いを想像しながら体感している。

ここでは唄先生から私が若き時代に教授された2つの事柄について思い起こしてみたい。

ひとつ目は専門性と学際性に関する教えであった。曰く、専門性の深掘りはいつか岩盤に突き当たるが、その時には、間口を少し拡げてみると岩盤を超えることができる、間口を拡げすぎるとかえってそれまでの専門性の深さが埋まってしまう、というものだった。専門性は学際性をも考慮しつつ深めてゆく必要があることを教えられた。

医事法学は、本来学際性を踏まえてはじめてその専門性やアイデンティティーを極めることが可能となる学問なのではないだろうか。その調整を常に意識して研究してゆくことが求められているように思う。

医療過誤、患者の権利、薬害、感染症医療、医療基本法と活動領域を拡げて、医事法学の深みを味わいながらの研究も、近年は正義、人間の尊厳、基本的人権、平和、民主主義、人間社会のあり方と、法哲学や法社会学分野にまで問題意識が拡がりはじめている。

唄先生からのふたつ目の教えは「公共・公益」という言葉の使い方に関するものだった。曰く、日本では「公共・公益」という言葉は、公権力を意味することが多く、本来のパブリック（民衆、公）とは異なる使い方がされるので、「公共・公益」という用語を使う際には注意する必要がある、ということだった。安易に使用していたことを反省した。振り返ってみると、そのことが、正義や民主主義のあるべき姿を踏まえて使用することを心がけることになったように思う。

「現在」を考えるためには「過去」を振り返り、そのことが「現在」のみならず「未来」のあり方へもつながるということを教えられたように思う。

第2章

展開的損害賠償責任要件論

Ⅰ　総論

1　損害賠償責任要件の検討資料

医療事故訴訟において損害賠償責任要件たる因果関係、注意義務違反および損害を検討するには古くから ①診療経過の調査・分析 ②医学的知見（文献）の検索・分析 ③協力医の助言が必須とされてきました。

現在では医療事故調査制度や産科医療補償制度（原因分析委員会）などの報告書もあり、その分析も必要です。

つまり専門性のある分野での損害賠償責任要件を検討するには ①事実経過の調査 ②専門的知見の調査 ③専門家の助言が必要なわけです。

(1)　診療記録の入手

１９７７年に医療問題弁護団（医弁）が創設され、医療事故の分析法に関する技術開発がなされましたが、その最初の手法が診療記録の入手手段としての民事訴訟法に基づく証拠保全でした（１９８０年には東京弁護士会『医療過誤訴訟の手引き』が出版）。当時はこの手続はあまり活用されておらず、裁判所との協議もスムーズではありませんでした。

現在では患者や遺族に診療記録開示請求権が認められ、弁護士相談の際にすでに入手している場合も少なくありません。

(2)　医学文献検索

医弁創設当初の医学文献検索は医学部図書館での「医学中央雑誌」の年度別索引集から医学文献を探すことが通常であり、当該事案に活用可能な数点の医学文献コピーを入手するのに数日を費やしていました。

1990年頃になり、この雑誌の索引をインターネットで検索できるようになり、有料契約のうえ、大規模な検索が始まりました。そのきっかけは、筆者「医学文献のコンピュータ検索」医療事故情報センターニュース26号（1990年）だったと思います。

(3)　協力医探し

協力医の探し方には①かかわり型②知り合い型③紹介型④いきなり型の4種類があります。

①かかわり型は当該事案の前医、後医への協力依頼、②知り合い型は自らの知り合い医師への協力依頼、③紹介型は誰かから紹介を受けての協力依頼、④いきなり型は医学文献検索により入手した活用可能な文献の執筆者への手紙による突然の協力依頼です。

患者側医療専門弁護士の場合、④いきなり型を基本として行う必要があると考えてきました。

筆者は協力を依頼する手紙の中で、患者側医療事故事案（概要記載）を担当していること、医学文献調査で執筆論文を入手して拝読したことを述べて、質問事項を記載して協力依頼をしてきました。

(4)　医療事故調査制度等の原因分析報告書

これら院内調査委員会や第三者機関の医療事故の分析については主として医療者が分析しており、

医学的評価が中心とされ、法的評価の視点からの再分析が必要と考えています。

２　損害賠償責任の法理

(1)　過失責任と無過失責任

損害賠償責任は、大別して注意義務違反を要件とする過失責任制度と、要件としない無過失責任制度に分類されています。無過失責任制度は過失責任制度の要件緩和（立証責任の転換など）であったりもします。

(2)　不法行為責任と債務不履行責任

過失責任制度は大別して不法行為責任（民法７０９条以下）と債務不履行責任（民法４１５条以下）があり、その関係性については法条競合説（債務不履行責任が優先）、請求権競合説（どちらをまたは両方を主張しても可）、請求権規範統合説（２つの責任要件から１つの請求権が生じる）があります。

通説・判例は請求権競合説とされていますが、裁判実務は請求権規範統合説に近い考え方と、私は分析しています。なぜなら、原告は訴状で請求権競合説に立ち両責任を主張していますが、裁判所は判決で起案しやすい方を採用していると思われるからです。

(3)　個人責任と組織責任、自己責任と代位責任

さらに民法学では不法行為も債務不履行も個人責任を前提として、組織責任については自己責任ではなく代位責任を規定しています（使用者責任や履行補助者の故意過失論）。

【図】

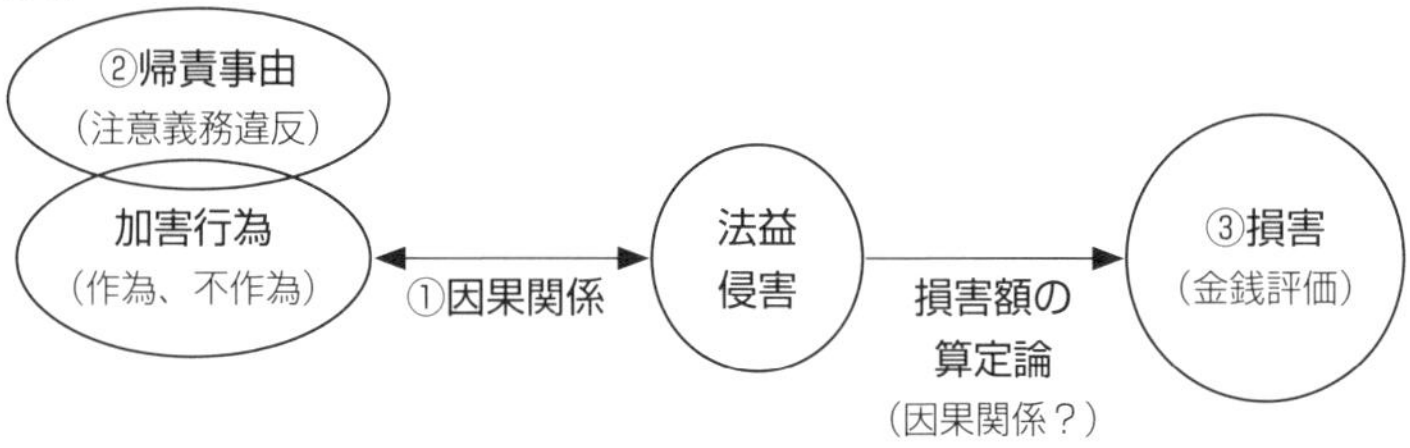

① 権利（法益）侵害とその原因たる加害行為（作為、不作為）の特定、その因果関係論
② 権利（法益）侵害の原因たる行為の帰責事由としての注意義務違反論（過失と違法性）
③ 権利（法益）侵害についての金銭的評価としての損害額算定論（損害論）

(4) まとめ

私は臨床法務として、以上を踏まえて、被害の再発防止目的を重視すれば、組織の自己責任論を前提に、過失責任、不法行為責任として損害賠償責任要件を構成すべきと考えています。

3 損害賠償責任要件の展開的構成

不法行為責任（民法７０９条）では「故意又は過失によって他人の権利又は法律上保護される利益を侵害した者は、これによって生じた損害を賠償する責任を負う」と規定され、判決の理由および民法学の教科書では多くが①故意・過失②違法性③因果関係④損害の４要件を要件事実として、①〜④の順で認定・解説されています。

しかし、過失や違法性はどちらも注意義務違反とされ、予見可能性を前提に判断されるわけですが、予見可能性という認識の対象である因果関係論（行為と法益侵害との原因・結果のつながり）がまずもって判断されなければならないと考えます。

加えて、刑法学では犯罪構成要件論の冒頭で実行為と因果関係が検討されていますが、不法行為論では因果関係の起点でもある行為論（作為、不作為）が検討される前に注意義務違反論が検討されることが少なくありません。

責任要件構成をまとめると、**【図】**のようになります。

Ⅱ　因果関係論

1　被侵害法益は何か（因果関係の終点の特定）

被害者に生じた不利益（被害）が、いかなる権利または法律上保護すべき利益（法益）を侵害したかについて構成することが必要です。

その際にできる限り被害を権利（人権）侵害、とりわけ生命・健康権侵害として構成することが必要です。なぜなら権利（人権）として構成できないが法益といえるためには、生じた不利益と行為の態様・注意義務違反の程度との相関関係、つまりこれらがより重大・悪質であることによって初めて法益侵害ありと判断されるからです。

2　原因行為は何か（因果関係の起点の特定）

因果関係の起点は法益侵害を発生しうる危険な行為であり、作為と不作為が考えられます。

ところで医療事故訴訟における最高裁判決では、法益侵害の原因について行為ではなく注意義務違反とする判決も少なくありません。中には判決理由中の前段では「行為」を原因としつつ、後段では「注意義務違反」とする矛盾した判決（最判平成11・2・25後掲）すらあります。

以下、最高裁判決をご紹介します。

⑴　作為型

ⓐ　**行為（作為）を起点とする判決**

(ア)　最判昭和50・10・24（民集29巻9号1417頁、判タ328号132頁）――東大ルンバール事件判決

「本件発作及びその後の病変と本件ルンバールとの間に因果関係を肯定するのが相当である」

(イ)　最判平成18・11・14（判タ1230号88頁）――ポリープ摘出術後出血性ショック事件判決

「行為とＢ〔患者〕の死亡との間の因果関係」

(ウ)　最判平成23・4・26（判タ1348号92頁）――精神科ＰＴＳＤ事件判決

「本件言動と被上告人に本件症状が生じたこととの間に相当因果関係があるということができない」

ⓑ　**注意義務違反（過失）を起点とする判決**

(エ)　最判平成16・9・7（判タ1169号158頁）――アナフィラキシーショック死事件判決

「過失とＢ〔患者〕の死亡との間の因果関係」

(オ)　最判平成21・3・27（判タ1294号70頁）――麻酔薬過量投与死事件判決

「死亡の原因となった過失」

⑵　不作為型

ⓐ　**行為（不作為）を起点とする判決**

(ア)　最判平成11・2・25（民集53巻2号235頁、判タ997号159頁）――肝細胞癌事件判決

「不作為と患者の死亡との間の因果関係の存否」（なお、後段では「前記注意義務違反と、Ｂの（患者）死亡

との間には、因果関係が存在する」との矛盾した記載あり）

(イ)　最判平成12・９・22（民集54巻７号2574頁、判タ１０４４号75頁）――心筋梗塞事件判決

「右医療行為と患者の死亡との間の因果関係」

ⓑ　注意義務違反を起点とする判決

(ウ)　最判平成７・５・30（判タ８９７号64頁）――新生児核黄疸事件判決

「右措置の不適切と上告人Ｂの核黄疸罹患との間には相当因果関係が肯定される」

(エ)　最判平成８・１・23（民集50巻１号１頁、判タ９１４号１０６頁）――腰椎麻酔ショック事件判決

「この過失と上告人Ｂの脳機能低下症発症との間の因果関係」

(オ)　最判平成15・11・11（民集57巻10号１４６６頁、判タ１１４０号86頁）――急性脳症事件判決

「転送義務違反と上告人の後遺障害との間の因果関係」

(カ)　最判平成16・１・15（判タ１１４７号１５２頁）――スキルス胃癌事件判決

「過失と患者の死亡との間の因果関係」

注意義務違反を因果関係の起点とする誤った判断の要因の１つには、民法７０９条の規定が「故意又は過失に『よって』」とされていることがあるようにも思えますが、そもそも事実的因果関係の終点が権利（法益）侵害という事実であるにもかかわらず起点に行為という事実ではなく、過失・注意義務違反という法的評価概念を置くこと自体が論理的に誤っています。

3　可能な限り作為型構成を

さて、起点を行為とする場合、行為には作為と不作為がありますが、この区別は時として不明確です。注意義務違反に着目すると、うっかり不作為に構成してしまいがちです。

例えば、石を投げて他人に傷を負わせた作為事案についても、他人が居ることの確認を怠ったことに着目すると不作為事案になってしまうわけです。

私見では作為は危険の作出、不作為は他で作出された危険の放置と解しています。

行為を不作為と構成することで因果関係立証や注意義務違反判断のハードルも高くなることから、行為は可能な限り作為と構成することが必要です。

作為起因型不作為（ある行為を行うことに注意義務違反はないが、危険が作出された後にその危険が結果発生に至らないようにする不作為）も不作為として構成するのではなく、当初の作為行為を開始すべき際にその後の発生が予見可能な危険への対処方策を実施して開始すべきと構成することで作為構成が可能になります。

例えば、手術が原因で合併症を起こし死亡した事案で、手術の実施には注意義務違反はないが、合併症発生後にその治療の遅れで死亡に致った事案です。この事案を作為起因型不作為で構成すると、合併症の治療の遅れがなければ死亡を回避できたか否かの不作為の因果関係の問題となります。しかし、合併症が起こりうることを前提に合併症の診断・治療を迅速に行いうる体制の下で手術を実施すべきと構成すれば、かかる体制を準備せずに手術を実施した作為が危険行為となります。

なお、作為起因型不作為と構成したとしても通常の不作為に比べ、安全配慮（確保）義務が強化されると考えることも可能です。つまり、注意義務違反のない作為を行う際に、その作為で危険性が生じる可能性があれば、作為後に危険が生じることに注意する必要がある、との構成です。

4　事実的因果関係論

(1)　高度の蓋然性説と間接証明・一応の推定

事実的因果関係の証明（事実の証明）の程度に関しては、高度の蓋然性説が通説・判例ですが、医療事故のような人の体内での変化を伴うような事実の立証が困難な事案については立証責任の緩和策として間接証明論や一応の推定論が利用できます。

以下、代表的な最高裁判決をご紹介します。

(ア)　最判昭和44・2・6（民集23巻2号195頁、判タ233号73頁）――水虫レントゲン照射事件判決

「原判決が適法に確定した事実、すなわち、被上告人がいわゆる水虫（汗疱性白癬。以下単に水虫という）に罹患し、その治療をした経過、国立東京第一病院（以下単に東一病院という）と京都大学医学部附属病院（以下単に京大病院という）におけるレントゲン線照射（以下単にレ線照射という）の時期、量、回数および部位、レ線照射と皮膚癌の発生との間の統計的因果関係などの諸事実、とくにレ線照射と癌の発生との間に統計上の因果関係があり、しかも、レ線照射を原因とする皮膚癌は他の発生原因と比べると比較的多いこと、被上告人は、昭和25年4月19日から同27年7月29日までの約2年3箇月の間に東一病院で、前後44回にわたり水虫にかかっていた左右足蹠の部分に合計5040レントゲン線量（以下単にレ線量という）の照射を加え、本件皮膚癌は、その照射部分についてのみ発生したことの諸事

実に徴すると、本件皮膚癌の発生は東一病院の本件レ線照射がその主要な原因をなしていると判示した原判決の判断は、当審も、これを正当として肯認しえないわけではない。」

(イ)　最判昭和50・10・24（民集29巻9号1417頁、判タ328号132頁）――東大ルンバール事件判決

最判平成9・2・25（民集51巻2号502頁、判タ936号182頁）――顆粒球減少症事件判決

「訴訟上の〔因果関係の〕立証は、一点の疑義も許されない自然科学的証明ではなく、経験則に照らして全証拠を総合検討し、特定の事実が特定の結果発生を招来した関係を是認しうる高度の蓋然性を証明することであり、その判定は通常人が疑〔い〕を差し挟まない程度に真実性の確信を持ちうるものであることを必要とし、かつそれで足りるものである。」

右記(ア)判決を前提にすると①原因結果のつながりについての科学的可能性の存在　②部位的近接性（時間的先後近接性も可）③他原因との比較という間接事実によって、(イ)判決の「高度の蓋然性」が推定されることになります。

その他の間接証明として　④注意義務違反の存在・程度を間接事実とすることも可能です（最判平成21・3・27判タ1294号70頁参照）。

(2)　科学的可能性と疫学的因果関係論

因果関係の証明に疫学を活用した判例に名古屋高判昭和47・8・9（判タ280号182頁）（イタイイタイ病事件判決）があります。

「およそ、公害訴訟における因果関係の存否を判断するに当っては、企業活動に伴って発生する大気汚染、水質汚濁等による被害は空間的にも広く、時間的にも長く隔った不特定多数の広範囲に及ぶ

ことが多いことに鑑み、臨床医学や病理学の側面からの検討のみによっては因果関係の解明が十分に達せられない場合においても、疫学を活用していわゆる疫学的因果関係が証明された場合には原因物質が証明されたものとして、法的因果関係も存在するものと解するのが相当である。」

新しい人為的被害については当該疾患の特異性を軸に科学者との協力の下に疫学的因果関係の構築に挑戦することが必要です。

なお、特異的疾患（特定の原因でしか発生しない疾患）については、非特異的疾患（いくつかの原因で生じうる疾患）と異なり、時間的先後・近接性を前提に疫学的因果関係のみで、すなわち他原因との比較なしで因果関係を推定することが可能です。

(3)　他原因との比較と確率的心証論、割合的因果関係論

一定割合で予測困難な他原因も考えられる場合や主張する主原因のほかに他原因が一定の心証に影響する場合には、損害額算定で調整する確率的心証論や割合的因果関係論もかつての下級審判決の中には存在しました。

なお、他原因の中には「原因不明」を含めないことが重要です。原因不明と特定原因との比較をすることはできないからです。

(4)　鑑定結果が因果関係認定に及ぼす影響

医療事故訴訟判決では、鑑定結果が影響して高度の蓋然性を超えた自然科学的証明を求める結果になった下級審判決があり、最高裁は以下の３つの判決でこれを経験則違反ないし採証法則違反として破棄しています。つまり、医学的評価と法律的評価の違いを認識せずに医学鑑定という医学的意見を

裁判所が法的評価に置き換える過ちを犯したことになります。

(ア)　最判平成9・2・25（前掲）――顆粒球減少症事件判決

「本件鑑定は……病状のすべてを合理的に説明し得ているものではなく、経験科学に属する医学の分野における1つの仮説を述べたにとどまり、医学研究の見地からはともかく、訴訟上の証明の見地からみれば起因剤及び発症日を認定する際の決定的な証拠資料ということはできない。そうすると、本件鑑定のみに依拠して、ネオマイゾンが唯一単独の起因剤であり、……本症発症日を4月13日から14日朝とした原審認定は、経験則に違反したものというべきである」

(イ)　最判平成11・3・23（判タ1003号158頁）――脳神経減圧術事件判決

「本件手術の施行とその後の……脳内血腫の発生との関連性を疑うべき事情が認められる本件においては、他の原因による血腫発生も考えられないではないという極めて低い可能性があることをもって、本件手術の操作上に誤りがあったと推認することはできないとし、……発生した血腫の原因が本件手術にあることを否定した原審の認定判断には、経験則ないし採証法則違背があるといわざるを得ず」

(ウ)　最判平成18・11・14（判タ1230号88頁）――ポリープ摘出術後出血性ショック事件判決

「Bは、5月2日早朝に初めて多量の出血があったのではなく、4月29日から既に出血傾向にあったのであるから、5月2日早朝までに輸血を追加して、Bの全身状態を少しでも改善しながら、その出血原因への対応手段を執っていれば、Bがショック状態になることはなく、死亡の事態は避けられたとみる余地が十分にあると考えられ、G意見書……は、相当の合理性を有することを否定できないのであり、むしろ、E意見書……の方に疑問があるというべきである。それにもかかわらず、原審は、G意見書とE意見書の各内容を十分に比較検討する手続を執ることなく、E意見書……をそのまま採用して、上記因果関係を否定したものではないかと考えられる。このような原審の判断は、採証法則に違反するものといわざるを得ない。」

５　不作為の因果関係論

不作為と結果との因果関係は、厳密には事実の証明ではありません。仮定的関係を前提として、原因結果のつながりの可能性の程度および注意義務違反の程度等から、法的因果関係として価値評価的に認定すべきものです。

しかし最高裁判決においては、事実的因果関係（すなわち事実の証明論）と同様に高度の蓋然性説を採用しています。

最判平成11・２・25（民集53巻２号235頁、判タ997号159頁）（肝細胞癌事件判決）は高度の蓋然性説を採用した東大ルンバール事件判決（最判昭和50・10・24民集29巻９号1417頁、判タ328号132頁）を引用したうえで

「右は、医師が注意義務に従って行うべき診療行為を行わなかった**不作為**と患者の死亡との間の因果関係の存否の判断においても異なるところはなく、経験則に照らして統計資料その他の医学的知見に関するものを含む全証拠を総合的に検討し、医師の右不作為が患者の当該時点における死亡を招来したこと、換言すると、医師が注意義務を尽くして診療行為を行っていたならば患者がその死亡の時

点においてなお生存していたであろうことを是認し得る高度の蓋然性が証明されれば、医師の右不作為と患者の死亡との間の因果関係は肯定されるものと解すべきである。患者が右時点の後いかほどの期間生存し得たかは、主に得べかりし利益その他の損害の算定に当たって考慮されるべき事由であり、前記因果関係の存否に関する判断を直ちに左右するものではない。」

——と判示しています。

なお、この判決の価値は、高い治癒率ではなく「死亡時点での生存の高度の蓋然性」によって因果関係を認定することで要件を緩和したことに意義があります。

(1)　構造

不作為と結果との因果関係の認定は、疾病等の他で作出された危険と権利（法益）侵害との事実的因果関係を前提として、期待された作為（結果回避可能性ある作為）と権利（法益）侵害回避の統計的可能性および注意義務違反の程度との総合評価によってなされるといえます。しかし、前記最判では「統計資料その他の医学的知見に関するものを含む全証拠を総合的に検討」とされていますが「全証拠」の具体例など基準は曖昧なままです。

(2)　保護法益の拡大傾向

人身損害の保護法益はあくまで生命権・健康権ですが、生命侵害・健康侵害との因果関係が肯定されない場合には、保護法益を拡大して原告の請求を認容ないしその可能性に言及してきた歴史もあります。

その1つが説明義務違反ある医療行為と自己決定権侵害、2つ目が結果回避の相当程度の可能性侵害、３つ目が治療期待利益（期待権）侵害です。

１つ目は注意義務違反論（説明義務違反）の項（Ⅲ）で後述することにして、２つ目（ア）（イ）および３つ目（ウ）（エ）の最高裁判決をご紹介します。

なお、これらの論理構成の損害賠償算定への影響については金額に大きなばらつきがあることも問題ですが、この点については損害論の項（Ⅳ）にて述べることとします。

ⓐ　結果回避の相当程度の可能性の侵害

（ア）　最判平成12・9・22（民集54巻7号2574頁、判タ1044号75頁）——心筋梗塞事件判決

死亡との法的因果関係（高度の蓋然性）を否定して、「相当程度の可能性」侵害を前提に賠償責任を肯定した判決です。

「疾病のため死亡した患者の診療に当たった医師の医療行為が、その過失により、当時の医療水準にかなったものでなかった場合において、右医療行為と患者の死亡との間の因果関係の存在は証明されないけれども、医療水準にかなった医療が行われていたならば患者がその死亡の時点においてなお生存していた相当程度の可能性の存在が証明されるときは、医師は、患者に対し、不法行為による損害を賠償する責任を負うものと解するのが相当である。」

なお、最判平成16・1・15（判タ1147号152頁）（スキルス胃癌事件判決）は、３ヶ月前の治療開始により良好な結果が得られたものと認めるのが合理的として、相当程度の可能性侵害について一応の証明の理論（間接証明）で推定し、不存在の特段の事情の立証責任を被告に事実上転換して肯定しています。

(イ)　最判平成15・11・11（民集57巻10号1466頁、判タ1140号86頁）――急性脳症事件判決

(ア)事件判決を引用したうえで、義務違反行為と重大な後遺症残存との間の因果関係につき「適切な……医療行為を受けていたならば、……重大な後遺症が残らなかった相当程度の可能性の存在が証明されるときは、医師は、患者が上記可能性を侵害されたことによって被った損害を賠償すべき不法行為責任を負う」」、完全回復率23％について「相当程度の可能性が存在することをうかがわせる」

――としました。

ⓑ　治療期待利益（期待権）の侵害

(ウ)　最判平成17・12・8（判タ1202号249頁）――拘置所脳梗塞事件判決

「上告人に重大な後遺症が残らなかった相当程度の可能性の存在が証明されたということができない以上、……国家賠償請求は、理由がない」。

なお、この判決には2つの補足意見と1つの反対意見（2名分）があります。

反対意見は、「相当程度の可能性を侵害されたこと」と「適切な検査、治療等の医療行為を受ける利益を侵害されたこと」とは別個の利益侵害であるとし、最判平成12・2・29のエホバの証人輸血拒否事件判決、最判平成13・11・27の乳癌事件判決、最判平成14・9・24の肺癌不告知事件判決、最判平成17・9・8の経膣分娩事件判決を列挙して、適切な医療行為を受ける利益を侵害されたとして精神的損害を賠償すべきとしています。

(エ)　最判平成23・2・25（判タ1344号110頁）――深部静脈血栓症事件判決

「患者が適切な医療行為を受けることができなかった場合に、医師が、患者に対して、適切な医療行為を受ける期待権の侵害のみを理由とする不法行為責任を負うことがあるか否かは、当該医療行為が著しく不適切なものである事案について検討し得るにとどまるべきものである」。

この判決では適切な医療行為を受けることを「期待権」としていますが、健康権（憲法25条）や幸福追求権（憲法13条）、さらには良質かつ適切な医療を受ける権利（医療法1条の4参照）から権利（人権）構成することで、「著しく不適切なもの」との要件を求める相関関係説を排除することが可能となります。

Ⅲ　注意義務違反論

1　総論

(1)　過失と違法性

不法行為（民法709条）では「（故意又は）過失」によって「他人の権利又は法律上保護される利益を侵害した」ことが要件となっており、過失および権利・法益侵害性（違法性）が必要とされています。

かつて過失は「うっかり」というような主観的不注意性を、違法性は法益侵害の客観的状態を意味していましたが、現在ではどちらも注意義務違反という規範的概念とされ、この2つの概念は接近してその区別は曖昧化され、二元論のみならず過失一元論や違法性一元論も登場しています。

私見によれば、過失は結果予見義務違反（認識義務違反）から予見可能性を前提とした結果回避義務違反（行為義務違反）に焦点化され、違法性は行為不法（行為の義務違反性）との相関関係で捉えた結果、不法（権利・法益侵害性）から社会的相当性の欠如（行為不法概念）に焦点化されてきたと考えています。

(2)　安全配慮（確保）義務定立の意義

不法行為における行為の帰責事由たる過失を結果回避義務違反と捉えるならば、そもそも行為者に安全配慮義務（生命・健康権を危険から保護するよう配慮すべき義務）が存したことを理論化する必要があると考えます。そのことによって危険防止すなわち結果回避の必要性や法的義務性が強まると考えるからです。つまり不法行為における過失の抽象的過失説（抽象的一般人基準説）が当該行為者の安全配慮義務によって高度化され、予防原則による注意義務、さらにはそこから生じる結果発生の可能性についての調査義務が生じ、予見可能性がより具体化するからです。

このような安全配慮義務（組織責任において管理体制構築義務ともいわれる）は、医療における国や自治体の責任について医療法第1条の3・4に基づいて、医薬品に関する関係者の責任については薬機法第1条の2～6に基づいて構成しうると考えます。

医療事故訴訟最高裁判決において「最善の注意義務」（最判昭和36・2・16民集15巻2号244頁——東大輸血梅毒事件判決）や「万全の注意」（最判昭和44・2・6民集23巻2号195頁、判タ233号73頁——水虫レントゲン照射事件判決）といわれているものもかかる安全配慮義務と同質のものと解します。

ちなみにこの安全配慮義務は、かつては以下の最高裁判決において信義則を発生根拠として述べられていますが、現在では前述のごとく具体的法令を根拠とすることが可能です。

(ア)　最判昭和50・2・25（民集29巻2号143頁、判時767号11頁）

「安全配慮義務は、ある法律関係に基づいて特別な社会的接触の関係に入った当事者間において、当該法律関係の付随義務として、当事者の一方又は双方が相手方に対して信義則上負う義務として一般的に認められるべきもの」

(イ)　最判平成28・4・21（民集70巻4号1029頁、判タ1425号122頁）――拘置所医療事故事案判決

「未決勾留による拘禁関係は、当事者の一方又は双方が相手方に対して信義則上の安全配慮義務を負うべき特別な社会的接触の関係とはいえない。」

(3)　過失と違法性の具体的注意義務違反

(a)　過失

過失は予見可能性を発生要件とする結果回避義務違反と解するのが通説であり、具体的予見可能性説を内容としますが、その具体性の程度により回避義務は警告義務と行為中止義務があります。

過失の判断基準は抽象的過失説が通説で、一般人・平均人を基準としますが、安全配慮義務を前提に、一般人・平均人をグループ化したり、被害の深刻性等から注意義務を高度化することが可能です。

(b)　違法性

違法性は前述のごとく社会的相当性（違法性阻却事由）の欠如という行為不法で、社会的相当性は医療の場合、医療行為の医学的適応性や医薬品の有用性に加えて患者の自己決定権（インフォームド・コンセント）保障の総合的評価となります。

そして医療行為の医学的適応性や医薬品の有用性の前提となる、有効性については科学的根拠の存在を、危険性については予防原則からの視点で比較しなければなりません。

加えて、これらの行為不法性については侵害された保護法益（結果不法性）との比較で違法性評価が必要となります。

(4)　点の過失から帯の過失へ

不作為型については、過失を時期により分断して複数構成（点の過失）して主張することがありますが、これは過失の否定につながりやすいと考えます。早い時期では具体的予見可能性なし、遅い時期では結果回避可能性なしと認定されやすいからです。

その対策として、疾病悪化に対する安全確保義務を前提として、診断義務の段階から治療義務までの一連の注意義務として帯の過失と構成することが必要です。裁判所は刑事交通事故の場合の直近過失論から、時期の特定（点の過失）を求めてくることが少なくないのですが。

(5)　作為と不作為の注意義務違反の違い

作為に関する注意義務違反は予見可能性に基づいて生じる結果回避義務違反が基本ですが、不作為に関する注意義務違反は作為義務の定立が必要となり、作為に比べてより立証が困難といえます。危険を作出する作為と他で作出された危険を放置する不作為についての結果回避義務は後者の方がより立証が困難といえるのです。

2　医療水準論の適用範囲

医療事故事案においては、安全配慮義務としての最善・万全の注意義務を前提に最高裁は以下の判決において医療水準論を引き出しています。

(ア)　最判昭和57・3・30（判タ468号76頁）——未熟児網膜症・高山赤十字病院事件

東大輸血梅毒事件判決の最善注意義務を引用し、「右注意義務の基準となるべきものは、診療当時のいわゆる臨床医学の実践における医療水準である」として医療水準論を判示しています。

(イ)　最判平成7・6・9（民集49巻6号1499頁、判タ883号92頁）——未熟児網膜症・姫路赤十字病院事件

東大輸血梅毒事件判決（最善注意義務）、未熟児網膜症・高山赤十字事件判決(ア)（医療水準論）を引用し、「**診療契約**に基づき医療機関に要求される医療水準とはどのようなものであるかについて検討する。」としたうえで、

「ある新規の治療法の存在を前提にして検査・診断・治療等に当たることが**診療契約**に基づき医療機関に要求される医療水準であるかどうかを決するについては、当該医療機関の性格、所在地域の医療環境の特性等の諸般の事情を考慮すべきであり、右の事情を捨象して、すべての医療機関について**診療契約**に基づき要求される医療水準を一律に解するのは相当でない。そして、新規の治療法に関する知見が当該医療機関と類似の特性を備えた医療機関に相当程度普及しており、当該医療機関において右知見を有することを期待することが相当と認められる場合には、特段の事情が存しない限り、右知見は右医療機関にとっての医療水準であるというべきである。そこで、当該医療機関としてはその履行補助者である医師等に右知見を獲得させておくべきであって、仮に、履行補助者である医師等が右知見を有しなかったために、右医療機関が右治療法を実施せず、又は実施可能な他の医療機関に転医をさせるなど適切な措置を採らなかったために患者に損害を与えた場合には、当該医療機関は、**診**

療契約に基づく債務不履行責任を負うものというべきである。また、新規の治療法実施のための技術・設備等……を有しない場合には、右医療機関は、これを有する他の医療機関に転医をさせるなど適切な措置を採るべき義務がある。」

――として医療水準相対説を判示しています。

(ウ)　最判平成8・1・23（民集50巻1号1頁、判タ914号106頁）――腰椎麻酔ショック事件判決

東大輸血梅毒事件（最善注意義務）、未熟児網膜症・高山赤十字病院事件(ア)（医療水準論）、未熟児網膜症・姫路赤十字病院事件(イ)（医療水準相対説）の各判決を引用したうえで、

「医療水準は、医師の注意義務の基準（規範）となるものであるから、平均的医師が現に行っている医療慣行とは必ずしも一致するものではなく、医師が医療慣行に従った医療行為を行ったからといって、医療水準に従った注意義務を尽くしたと直ちにいうことはできない」

「医師が医薬品を使用するに当たって右文書に記載された使用上の注意事項に従わず、それによって医療事故が発生した場合には、これに従わなかったことにつき特段の合理的理由がない限り、当該医師の過失が推定されるものというべきである。」

――としています。

なお、最高裁判例解説では「添付文書は、医薬品の副作用等につき最も高度な情報を有している製造業者等によって患者の安全を確保するために記載されるもの」「少なくとも添付文書に反する措置を採った以上、その合理性を医師側が明らかにする必要があると考えられる。本判決のいう過失が推定されるとは右の趣旨をいうものと思われる。」とされ、医療水準相対説の論理は適用されていませ

ん。

本判決では医療者の注意義務について一応のまとめとして「人の生命及び健康を管理すべき業務（医業）に従事する者は、その業務の性質に照らし、危険防止のために実験上必要とされる最善の注意義務を要求されるのであるが、具体的な個々の案件において、債務不履行又は不法行為をもって問われる医師の注意義務の基準となるべきものは、一般的には診療当時のいわゆる臨床医学の実践における医療水準である。そして、この臨床医学の実践における医療水準は、全国一律に絶対的な基準として考えるべきものではなく、診療に当たった当該医師の専門分野、所属する診療機関の性格、その所在する地域の医療環境の特性等の諸般の事情を考慮して決せられるべきものであるが、医療水準は、医師の注意義務の基準（規範）となるものであるから、平均的医師が現に行っている医療慣行とは必ずしも一致するものではなく、医師が医療慣行に従った医療行為を行ったからといって、医療水準に従った注意義務を尽くしたと直ちにいうことはできない。」

――とされています。

右記(ウ)のまとめにあるように、最高裁は最善注意義務の具体化を相対的医療水準論で行い、医療慣行との違いを明示しています。

しかし、医療水準論はそもそもが未熟児網膜症事件（イ）における眼底検査・光凝固法の不実施という新規の未確立治療法の実施という不作為についての注意義務違反に関する免責法理として登場したものです。作為型を含めて一般化することは妥当ではないと考えます。

東大輸血梅毒事件判決の最善注意義務や水虫レントゲン照射事件判決の万全注意義務は、どちらも作為型における判断です。

つまり作為型の注意義務違反はあくまで安全配慮義務・最善万全の注意義務の枠組みで評価し、不作為型で開発途上の新規の治療法の実施義務に限定して医療水準相対説を適用すべきといえるのではないかと考えます。

ちなみに最高裁判例の中にも医療水準論には言及せずに注意義務違反を認定している判決も少なくないとされています。

3　説明義務違反

医療事故事案における説明義務違反については、最高裁には以下の9判決があります。

(ア)　最判昭和56・6・19（判タ447号78頁）――頭蓋骨陥没骨折開頭手術事件判決
(イ)　最判平成7・4・25（民集49巻4号1163頁、判タ887号171頁）――胆のう癌不告知事件判決
(ウ)　最判平成7・5・30（判タ897号64頁）――新生児核黄疸事件判決
(エ)　最判平成12・2・29（民集54巻2号582頁、判タ1031号158頁）――エホバの証人輸血拒否事件判決
(オ)　最判平成13・11・27（民集55巻6号1154頁、判タ1079号198頁）――乳癌事件判決
(カ)　最判平成14・9・24（判タ1106号87頁）――肺癌不告知事件判決
(キ)　最判平成17・9・8（判タ1192号249頁）――経腟分娩事件判決
(ク)　最判平成18・10・27（判タ1225号220頁）――未破裂脳動脈瘤コイル塞栓術事件判決

(ケ)　最判平成20・4・24（民集62巻5号1178頁、判タ1271号86頁）――心臓手術死事件判決

以下、具体的に解説します。

(1)　悪しき結果（生命健康侵害）の回避義務違反

ⓐ　**医原病型（作為型）**

説明義務の内容は、(i)病状・病名 (ii)医療行為の内容 (iii)その有効性 (iv)危険性 (v)行わなかった場合の予後 (vi)他の選択肢との比較、とされています。

医原病型の危険回避義務と位置づけることができます。

①　緊急手術の場合の説明義務

(ア)　最判昭和56・6・19――頭蓋骨陥没骨折開頭手術による合併症事件判決

この判決は緊急手術における説明義務についてのものです。

「頭蓋骨陥没骨折の傷害を受けた患者の開頭手術を行う医師には、右手術の内容及びこれに伴う危険性を患者又はその法定代理人に対して説明する義務があるが、そのほかに、患者の現症状とその原因、手術による改善の程度、手術をしない場合の具体的予後内容、危険性について不確定要素がある場合にはその基礎となる症状把握の程度、その要素が発現した場合の対処の準備状況等についてまで説明する義務はない」

――として、緊急手術においては、患者が認識し、当然認識すべき事情については説明義務がないとされています。

② 未確立療法についての説明義務

(オ) 最判平成13・11・27――乳癌に基づく乳房摘出事件判決

この判決では未確立療法についてですが、行わなかった場合の予後に関する説明義務には言及されていませんが、仙台高判平成6・12・15（判時1536号49頁）（腰椎ヘルニア手術事件判決）では「しない場合の予後の見通し」も説明すべきとされています。

(i) 説明義務の一般原則

「医師は、患者の疾患の治療のために手術を実施するに当たっては、診療契約に基づき、特別の事情のない限り、患者に対し、当該疾患の診断（病名と病状）、実施予定の手術の内容、手術に付随する危険性、他に選択可能な治療方法があれば、その内容と利害得失、予後などについて説明すべき義務があると解される。」

「ここで問題とされている説明義務における説明は、患者が自らの身に行われようとする療法（術式）につき、その利害得失を理解した上で、当該療法（術式）を受けるか否かについて熟慮し、決断することを助けるために行われるものである。医療水準として確立した療法（術式）が複数存在する場合には、患者がそのいずれを選択するかにつき熟慮の上、判断することができるような仕方でそれぞれの療法（術式）の違い、利害得失を分かりやすく説明することが求められるのは当然である。」

(ii) 未確立療法と説明義務

「当時としては未確立な療法（術式）とされていた乳房温存療法についてまで、選択可能な他の療法（術式）として被上告人に説明義務があったか否か、あるとしてどの程度にまで説明することが要求されるのかが問題となっている。」

「一方は既に医療水準として確立された療法（術式）であるが、他方は医療水準として未確立の療法（術式）である場合、医師が後者について常に選択可能な他の療法（術式）として説明すべき義務を負うか、また、どこまで説明すべきかは、実際上、極めて難しい問題である。」

「一般的にいうならば、実施予定の療法（術式）は医療水準として確立したものであるが、他の療法（術式）が医療水準として未確立のものである場合には、医師は後者について常に説明義務を負うと解することはできない。」

(iii)　本件判示

「とはいえ、このような未確立の療法（術式）ではあっても、医師が説明義務を負うと解される場合があることも否定できない。少なくとも、当該療法（術式）が少なからぬ医療機関において実施されており、相当数の実施例があり、これを実施した医師の間で積極的な評価もされているものについては、患者が当該療法（術式）の適応である可能性があり、かつ、患者が当該療法（術式）の自己への適応の有無、実施可能性について強い関心を有していることを医師が知った場合などにおいては、たとえ医師自身が当該療法（術式）について消極的な評価をしており、自らはそれを実施する意思を有していないときであっても、なお、患者に対して、医師の知っている範囲で、当該療法（術式）の内容、適応可能性やそれを受けた場合の利害得失、当該療法（術式）を実施している医療機関の名称や所在などを説明すべき義務があるというべきである。そして、乳がん手術は、体幹表面にあって女性を象徴する乳房に対する手術であり、手術により乳房を失わせることは、患者に対し、身体的障害を来すのみならず、外観上の変ぼうによる精神面・心理面への著しい影響ももたらすものであって、患者自身の生き方や人生の根幹に関係する生活の質にもかかわるものであるから、胸筋温存乳房切除術を行う場合には、選択可能な他の療法（術式）として乳房温存療法について説明すべき要請は、このような性質を有しない他の一般の手術を行う場合に比し、一層強まるものといわなければならない。」

③　予防療法についての説明義務

(ク)　最判平成18・10・27――未破裂脳動脈瘤コイル塞栓術事件判決

本件は予防療法についての事案ですが、前記(オ)判決の一般原則を引用したうえで、

「医師が患者に**予防的な療法**（術式）を実施するに当たって、医療水準として確立した療法（術式）が複数存在する場合には、その中のある療法（術式）を受けるという選択肢と共に、いずれの療法（術式）も受けずに保存的に経過を見るという選択肢も存在し、そのいずれを選択するかは、患者自身の生き方や生活の質にもかかわるものでもあるし、また、上記選択をするための時間的な余裕もあることから、患者がいずれの選択肢を選択するかにつき熟慮の上判断することができるように、医師は各療法（術式）の違いや経過観察も含めた各選択肢の利害得失について分かりやすく説明することが求められるものというべきである。」

――としています。

④　チーム医療における説明義務

(ケ)　最判平成20・4・24――心臓手術死事件判決

本件はチーム医療における説明義務の事案です。

「一般に、チーム医療として手術が行われる場合、チーム医療の総責任者は、**条理上**、患者やその家族に対し、手術の必要性、内容、危険性等についての説明が十分に行われるように配慮すべき義務を有するものというべきである。」

「主治医の上記説明が不十分なものであったとしても、当該主治医が上記説明をするのに十分な知識、経験を有し、チーム医療の総責任者が必要に応じて当該主治医を指導、監督していた場合には、同総責任者は説明義務違反の不法行為責任を負わないというべきである。」

ⓑ 治療不実施・疾病悪化型（不作為型）

ここでは悪しき結果との因果関係を否定して、相当程度の可能性を認容する判決が多いのが特徴です。

① 新規・未確立の治療法における説明義務

(オ) 最判平成13・11・27——乳癌に基づく乳房摘出事件判決（(a)②参照）

② 退院時、外来時における療養指導義務

(ウ) 最判平成7・5・30——新生児核黄疸治療の遅れ事件判決

「産婦人科の専門医である被上告人としては、退院させることによって自らは上告人Aの黄疸を観察することができなくなるのであるから、上告人Aを退院させるに当たって、これを看護する上告人Bらに対し、黄疸が増強することがあり得ること、及び黄疸が増強して哺乳力の減退などの症状が現れたときは重篤な疾患に至る危険があることを説明し、黄疸症状を含む全身状態の観察に注意を払い、黄疸の増強や哺乳力の減退などの症状が現れたときは速やかに医師の診察を受けるよう指導すべき注意義務を負っていたというべき」。

③　治療法の選択と患者の希望

㈭　最判平成17・9・8――経膣分娩事件判決

「帝王切開術を希望するという上告人らの申出には医学的知見に照らし相応の理由があったということができるから、被上告人医師は、これに配慮し、上告人らに対し、分娩誘発を開始するまでの間に、胎児のできるだけ新しい推定体重、胎位その他の骨盤位の場合における分娩方法の選択に当たっての重要な判断要素となる事項を挙げて、経膣分娩によるとの方針が相当であるとする理由について具体的に説明するとともに、帝王切開術は移行までに一定の時間を要するから、移行することが相当でないと判断される緊急の事態も生じ得ることなどを告げ、その後、陣痛促進剤の点滴投与を始めるまでには、胎児が複殿位であることも告げて、上告人らが胎児の最新の状態を認識し、経膣分娩の場合の危険性を具体的に理解した上で、被上告人医師の下で経膣分娩を受け入れるか否かについて判断する機会を与えるべき義務があったというべきである。ところが、被上告人医師は、上告人らに対し、一般的な経膣分娩の危険性について一応の説明はしたものの、胎児の最新の状態とこれらに基づく経膣分娩の選択理由を十分に説明しなかった上、もし分娩中に何か起こったらすぐにでも帝王切開術に移れるのだから心配はないなどと異常事態が生じた場合の経膣分娩から帝王切開術への移行について誤解を与えるような説明をしたというのであるから、被上告人医師の上記説明は、上記義務を尽くしたものということはできない。」

(2) 自己決定権（人格権、ＱＯＬ選択権を含む）の侵害

① 輸血拒否

(エ) 最判平成12・2・29――エホバの証人輸血拒否事件判決

「患者が、輸血を受けることは自己の宗教上の信念に反するとして、輸血を伴う医療行為を拒否するとの明確な意思を有している場合、このような意思決定をする権利は、**人格権**の一内容として尊重されなければならない。そして、Ａが宗教上の信念からいかなる場合にも輸血を受けることは拒否するとの固い意思を有しており、輸血を伴わない手術を受けることができると期待して医科研に入院したことをＢ医師らが知っていたなど本件の事実関係の下では、Ｂ医師らは、手術の際に輸血以外には救命手段がない事態が生ずる可能性を否定し難いと判断した場合には、Ａに対し、医科研としてはそのような事態に至ったときには輸血するとの方針を採っていることを説明して、医科研への入院を継続した上、Ｂ医師らの下で本件手術を受けるか否かをＡ自身の意思決定にゆだねるべきであったと解するのが相当である。」

② 癌の告知

(イ) 最判平成7・4・25――胆のう癌不告知事件判決

「Ａ医師にとっては、Ｂは初診の患者でその性格等も不明であり、本件当時医師の間では癌については真実と異なる病名を告げるのが一般的であったというのであるから、同医師が、前記3月2日及び16日の段階で、Ｂに与える精神的打撃と治療への悪影響を考慮して、同女に癌の疑いを告げず、まずは手術の必要な重度の胆石症であると説明して入院させ、その上で精密な検査をしようとしたこと

は、医師としてやむを得ない措置であったということができ、あえてこれを不合理であるということはできない。」

「医師としては真実と異なる病名を告げた結果患者が自己の病状を重大視せず治療に協力しなくなることのないように相応の配慮をする必要がある。」

「真実と異なる病名を告げたA医師としては、同女が治療に協力するための配慮として、その家族に対して真実の病名を告げるべきかどうかも検討する必要があるが、……同女に対して手術の必要な重度の胆石症と説明して入院の同意を得ていたのであるから、入院後に同女の家族の中から適当な者を選んで検査結果等を説明しようとしたことが不合理であるということはできない。」

「患者として医師の診断を受ける以上、十分な治療を受けるためには専門家である医師の意見を尊重し治療に協力する必要があるのは当然」

(カ)　最判平成14・9・24――肺癌不告知事件判決

「医師は、**診療契約上**の義務として、患者に対し診断結果、治療方針等の説明義務を負担する。そして、患者が末期的疾患にり患し余命が限られている旨の診断をした医師が患者本人にはその旨を告知すべきではないと判断した場合には、患者本人やその家族にとってのその診断結果の重大性に照らすと、当該医師は、**診療契約**に付随する義務として、少なくとも、患者の家族等のうち連絡が容易な者に対しては接触し、同人又は同人を介して更に接触できた家族等に対する告知の適否を検討し、告知が適当であると判断できたときには、その診断結果等を説明すべき義務を負うものといわなければならない。なぜならば、このようにして告知を受けた家族等の側では、医師側の治療方針を理解した上で、物心両面において患者の治療を支え、また、患者の余命がより安らかで充実したものとなるように家族等としてのできる限りの手厚い配慮をすることができることになり、適時の告知によって行われるであろうこのような家族等の協力と配慮は、患者本人にとって法的保護に値する利益であるというべきであるからである」。

上田豊三裁判官の反対意見は以下のとおりです。

「上記債務あるいは注意義務の具体的内容を定めるに当たっては、本件診療契約に基づく診療が行われていた平成2、3年当時における医療水準に照らして判断すべきである。」

「厚生省は、末期医療のケアに関する現状、問題点を総括し、末期医療における患者あるいはその家族の要望にこたえるため、昭和62年7月に末期医療に関するケアの在り方の検討会を設置し、同検討会は平成元年6月に報告書をまとめた、同報告書においては、がんによる末期状態を中心に、告知の在り方、望ましい末期医療のケアの在り方等について提言を行っている」

「平成2、3年当時における末期がんの告知に関する医療水準がどのようなものであったかを検討するに当たっては、上記の『がん末期医療に関するケアのマニュアル』を十分にしんしゃくすべきである。」

「しかるに、原審はこの点に関する検討が不十分であるため、平成2、3年当時における末期がんの告知に関する医療水準を明らかにし、これに照らして、末期がんの告知につき、診療契約上、医療機関側がどのような債務を負うのか、あるいは医療機関側にどのような注意義務が課せられるのかを明らかにしていないが、これは、重要な法律問題についての解釈を誤ったものといわざるを得ない」

(3)　説明義務違反についてのまとめ

以上述べてきた最高裁判例では、説明すべきとされている内容・項目が次第に拡大されています。学説的にみれば合理的医師基準説から具体的患者基準説、さらにはその双方を前提とする二重基準説に広がっているようです。

判例事案では議論されていませんが、医療行為の有効性や危険性等については、当該患者の一般的予測だけでなくさらに具体的状況を踏まえた説明の必要性も求められるようになっています。医療法第6条の10で定められている医療事故の定義としての非予期性についての医療法施行規則第1条の10の2の患者または家族への説明等に関する厚労省通知では「一般的な死亡の可能性についての説明や記録ではなく、当該患者個人の臨床経過等を踏まえて、当該死亡又は死産が起こりうることについての説明及び記録であることに留意すること」とされています。

また、説明と自己決定のプロセスの間に「熟慮の機会の保障」も指摘されていますが、この熟慮の機会は時間のみならず質疑等の意見交換や患者の理解度の確認なども問題となりえます。

さらなる論点は(5)のインフォームド・コンセントの項目で述べたいと思います。

(4)　説明義務違反事案の因果関係論

最高裁判決には今のところ見当たりませんが、医療行為を行った作為型（医原病型）で説明義務違反を注意義務違反とする原告側の主張に対し、下級審判決は、説明義務を怠らなければ、被害者側が当該医療行為を拒否し、その結果法益侵害（生命・健康権侵害）に至らなかった高度の蓋然性がある場合のみ医療行為と法益侵害との因果関係を認め、そうでない場合には因果関係を否定して自己決定権のみを権利侵害と認めています。つまり、作為型の医療事故事案について不作為型の因果関係論を適用しているわけです。

これは説明義務違反という注意義務違反（不作為）を原因とし死亡・後遺症等を結果とする因果関係論であり、誤った理解に基づくものといえます。

私見によれば、医療行為の実施と死亡・後遺症との事実的因果関係を前提に、当該医療行為の実施に説明義務違反（違法性）という帰責事由があれば、死亡・後遺症についての損害賠償責任を負うべきと考えます。

(5)　インフォームド・コンセント（I・C）

ここで説明義務の前提としてのI・Cについて解説をしておきたいと思います。

I・Cの日本語訳は医事法学の通説では「充分説明されたうえでの同意・承諾」とされ、患者の自己決定権保障の考え方とされています。

古くは侵襲性を伴う医療行為の違法性阻却事由としての同意・承諾原則とされ、その後自由権的自己決定権に発展し、現在では専門職の支援（説明）を前提とする自己決定権とされています（私はこれを第３段階の人権ないし社会権的自己決定権と呼んでいます）。

自己決定も同意・承諾のみならず拒否、選択、意思決定と拡がり、それに伴い説明内容も拡充されてきました。

説明内容は具体的患者の要望に則ったものとして一般的な有効性・危険性のみならず、当該患者の状況を踏まえた有効性・危険性の説明が必要とされ、説明と同意という医師を主体とした一往復の対話ではなく、質疑応答や理解の確認、さらには熟慮の機会の保障なども必要とされています。しかしⅠ・C、自己決定権にもいくつかの問題点があります。

(a)　Ｉ・Ｃの一身専属性

自己決定権は個人の尊厳（人格権）から導かれる一身専属的な権利で、患者に代わって家族等が行使する場合には「代諾」といわれ法的根拠（社会的制度）が必要とされています。患者本人が委任した場合のほか、理解判断力のない未成年者の場合には両親に法定代理権が付与されていますが、成人の重度の知的障がい者等の場合には法的制度が充分ではありません。多少なりとも理解力・判断力がある場合には、成年後見人や家族が本人の意思決定を支援することが重要とされています。

本人が説明を受けたくないとする、知らない権利を含んでいるのかも問題とされています。諸外国では医療行為を実施する場合の適正手続として本人が説明を受けなければ実施できないとの見解もあるようです。

(b)　説明を実施する医師は誰か

Ⅰ・Cの日本語訳（解説）で最も優れていると筆者が考えるのが「情報と決断と方策の共有」（木村利人）です。

侵襲性ある医療行為の危険情報を共有することで医療事故の防止にも役立つとされ、Ⅰ・Cは個人の尊厳のみならず生命の尊厳にも関わりのある権利といえます。

そこでは実際に医療行為を行う医師が説明を行うことが原則といえます。説明者と医療行為実施者が異なる場合には、医師と患者の情報と決断と方策の共有とはいえないわけです。

(c)　自己決定は生命の尊厳を犯すことができるか

生命維持治療の不実施・中止や生命を閉じる医療行為が尊厳死・安楽死との関わりで問題とされています。

これらが許容される要件として「終末期」（回復困難な状況で死が間近に差し迫った状況）が要件とされ、生命の尊厳を踏まえ、残りの人生の生き方として例外的に許容されるとされています。したがって終末期要件を欠いた状況での尊厳死・安楽死は、自己決定があったとしても自殺幇助として違法といえるのです。

また、近年新型出生前検査（ＮＩＰＴ）が広がり、障がい児を出産することが予想される場合に選択的人工妊娠中絶が行われています。妊婦の自己決定権で胎児の生命を中絶することが許されるのか、との問題が堕胎罪についての母体保護法上の違法性阻却事由の解釈をめぐって問題とされています。堕胎罪は主として胎児の生命を保護法益とし、副次的に妊婦の生命も保護法益としていますが、旧優生保護法における優生思想を法改正（母体保護法）で排除した経過からしても、かかる妊娠中絶は違法といえるのではないでしょうか。ＮＩＰＴは出産までの障がい児出生への準備を支援する臨床検査として活用することが望ましいと考えます。

４　国家賠償責任（国賠責任）の捉え方

(1)　国賠責任の法的性質

国賠責任については、憲法第17条に次のように規定されています。「何人も、公務員の不法行為により、損害を受けたときは、法律の定めるところにより、国又は公共団体に、その賠償を求めることができる。」

この規定を受けた国家賠償法の第1条第1項では「国又は公共団体の公権力の行使に当たる公務員が、その職務を行うについて、故意又は過失によって違法に他人に損害を加えたときは、国又は公共団体が、これを賠償する責に任ずる。」

これらの規定は、公務員の公権力行使に際しての不法行為を前提として、国または公共団体に代位責任を認めた規定とされています。

らい予防法や旧優生保護法等による国家権力による人権侵害を想定しているようには読めません。国家賠償法制定過程では、このような国家権力による組織的不法行為責任を排除した文言も想定していたようですが、そのような文言が削除されたことで、学説的には国家権力による組織的不法行為も含まれていると解釈されているようです。

そこで、個人責任・代位責任から組織責任・自己責任へ構成を変えることで、再発防止につながる損害賠償責任論が必要になると考えています。

そして、このような国または公共団体の組織責任・自己責任について、消滅時効や除斥期間を安易に適用することは不適切であるとも考えます。

(2)　国賠責任における注意義務違反論

国賠責任の注意義務違反については前述のとおり国家賠償法第1条第1項において不法行為責任（民法709条）と同様の規定となっています。

そこでの注意義務違反論は、職務行為基準説、規制権限不行使（不作為型）についての裁量権消極的濫用説が判例理論です。

特に裁量権消極的濫用説は、一般不法行為責任における作為義務よりかなり限定的とされ、規制権限不行使の違法は認められにくくなっています。

その具体的要件は以下のとおりです。

①　国民の生命身体健康等に対する具体的危険の切迫

②　行政庁が危険の切迫を知り、または容易に知りうる

③　権限行使すれば容易に結果発生を防止できる

④　行使しなければ回避できない（補充性）

⑤　国民が権限行使を期待している

しかし、職務行為基準説は実際の職務上の注意義務と解釈され、医療事故における医療慣行不免責論と矛盾し、不作為における裁量権消極的濫用説も不当な著しい免責法理であり、国・地方自治体の安全配慮義務を強調することで、新たな裁量権収縮論や裁量権否定論を展開することが必要と考えます。

Ⅳ　損害論

人身損害における損害とは何かについては、差額説・個別損害積上方式（通説・判例）と損害事実説

（死傷損害説）の争いがあり、後者は包括一律請求論とも関連しています。

また、損害賠償責任においては金銭賠償主義（民法417条・722条）が明文化されていますが、この金銭賠償主義に関して、最高裁は「不法行為に基づく損害賠償制度は、被害者に生じた現実の損害を金銭的に評価し、加害者にこれを賠償させることにより、被害者が被った不利益を補てんして、不法行為がなかったときの状態に回復させることを目的とするものである」（最大判平成5・3・24民集47巻4号3039頁、判タ853号63頁）としています。

人身損害について金銭賠償で被害回復するとはどのようなことを意味するのかについてさらなる検討の必要があります。

なお、損害額算定の前提たる被害実相の立証については第3章Ⅳ4「原告本人尋問」をご参照ください。

1　差額説

差額説は、損害について不法行為がなければ被害者が現に有しているであろう仮定的利益状態と不法行為がなされたために被害者が現在有している現実の利益状態との間の差額であるとし、個別損害積上方式とリンクして、精神的損害（慰謝料）以外についてできる限り財産的損害化を図って金銭評価を行って、両者を合算する方式です。

個別損害積上方式による人身損害の損害項目には、以下のようなものがあります。

① 傷害関係では治療費、通院交通費、入院雑費、付添看護費、休業損害、入通院期間を考慮した

傷害慰謝料など

②　後遺症・死亡では労働能力の喪失割合に配慮した逸失利益、後遺症等級に応じた慰謝料（死亡では一家の支柱か否かを考慮）

しかし、財産的損害については、幼児や主婦の逸失利益、近親者付添看護費用、男女の賃金格差、中間利息の控除等々、現実の損害というより仮想的損害の積算も少なくありません。

2　損害事実説

損害事実説は、被害者に生じた死傷等の一定の不利益な事実自体を損害とし、差額説が被害者の労働力中心の損害論であることに対する批判として登場しました。具体的な損害額算定については包括的一律請求論とリンクして、加害行為により生じた全人間的破壊による損害を総体として包括的に捉え、これへの賠償を包括して請求する方式とし、被害の程度の差についてはランク別一律請求方式も活用して集団訴訟において主張されてきました。

この包括一律請求論は被害の全体像を明らかにし、①それを責任論（因果関係論や注意義務違反論）にも反映させる効果、②集団訴訟においては被害者ごとの具体的損害立証の負担を軽減して訴訟促進を図り、③被害者間で格差をつけないことが被害者の連帯・運動論的意義を有する、とされています。

しかし、個別損害積上方式に比べ、具体的算定論を欠いているため、全被害者の共通損害のみの評価となり、結果的には被害の実相を包括的に立証したのにもかかわらず、損害額の高額化にはつながらず、むしろより低額化になっているとの批判もあります。

個々の被害者の被害の実相は異なれど、その共通点のみを損害額算定するのではなく、全体的な被害を総体として評価する工夫が必要になります。

3　定期金賠償（民訴法117条）

1998年施行の現行民訴法（117条）で「定期金による賠償を命じた確定判決について、口頭弁論終結後に、後遺障害の程度、賃金水準その他の損害額の算定の基礎となった事情に著しい変更が生じた場合には、その判決の変更を求める訴えを提起することができる」と規定し、判決で定期金賠償を命ずることのできる前提が整ったとされ、最判令和2・7・9（民集74巻4号1204頁、判タ1480号138頁）でも肯定されました。

定期金賠償は一方で加害者側の支払能力に問題がある場合には、将来の生活保障につながらないリスクがありますが、他方で逸失利益における中間利息控除もなく被害者の将来の生活保障につながる利益もあります。

特に後遺障害を抱えた被害者の多くは一時金賠償の場合、10年位で賠償金を使い果たしてしまう傾向があるともいわれています。

実際の訴訟ではサリドマイド薬害事件における1974年の和解において、被害者側が損害額の一部を60年間の定期金賠償とする選択ができたことで被害者側の利益につながったとされています。

他方で、加害者の将来の支払能力の予測困難性から選択しにくい要因もあり、公的基金化などの政策も必要といえます。

4　精神的損害に対する慰謝料とは何か

金銭賠償の中で慰謝料は補完機能があるともいわれますが、高収入者ほどその算定額は高額でもあり、どのように損害を補完するのかも定かではありません。

損害賠償制度が金銭賠償による被害の原状回復を目的としているとすると精神的損害（苦痛）を金銭（慰謝料）で回復するとはどのようなことを意味するのでしょうか。

金銭を活用することで精神的苦痛を緩和・解消できるとすれば、多くは無駄遣いをも含む一時しのぎの消費等で、それを長年継続することで苦痛が緩和・解消できる可能性があるのかもしれません。しかし、金銭賠償で精神的苦痛を解消することは困難であろうとも思われます。

被害の原状回復のためには金銭賠償に加え、いわゆる恒久対策と呼ばれる治療体制、精神的支援体制等の被害者支援の社会制度が必要とされています。

かかる社会制度がない場合には、慰謝料の問題性を踏まえて、定期金賠償や民訴法第248条の裁判官の裁量（「損害が生じたことが認められる場合において、損害の性質上その額を立証することが極めて困難であるときは、裁判所は、口頭弁論の全趣旨及び証拠調べの結果に基づき、相当な損害額を認定することができる。」）を活用することも必要と考えます。

なお、人身損害においては慰謝料請求を念頭に、「被害の実相」を詳しく主張立証していくことが基本です（第3章Ⅳ4「原告本人尋問」参照）。

5　近親者慰謝料

近親者慰謝料については民法第711条に「他人の生命を侵害した者は、被害者の父母、配偶者及び子に対しては、その財産権が侵害されなかった場合においても、損害の賠償をしなければならない。」と規定され、生命侵害以外の重度後遺症や近親者の範囲なども拡大解釈されています。

この規定は父母、配偶者、子が自らの精神的損害を立証しなくとも慰謝料請求権があるとする、いわゆる間接損害を定めた規定と解されており、したがって原告側が本人慰謝料のほかに近親者慰謝料を請求しても、判決が認容する合算額は損害賠償算定基準（いわゆる「赤い本」「青い本」）における本人慰謝料の算定基準を超えないのが実務とされています。

しかし、近親者の独自の精神的損害を立証することを前提に民法709条に基づく直接損害の請求をすることで、本人慰謝料基準に近親者慰謝料を加算認定することが可能です。

東京地判平成18・4・20（判タ1225号286頁）では小脳萎縮症で寝たきり患者の看護ミスによる無酸素脳症（遷延性意識障害）になった事案に対し、本人慰謝料2800万円に近親者慰謝料600万円（夫および子2人）を加算して認容しました。なお、本事案については本人慰謝料についても、被告からの差額説（元来1級障害者が看護ミスにより1級障害者の範囲にとどまった）に基づく少額慰謝料主張の是否も論点とされました。この事案は筆者らが担当した訴訟です。

6　医療事故事案における損害論の特殊性

医療事故事案では交通事故のようないわゆる「赤い本」「青い本」の基準に記載のない以下のよう

な特別な慰謝料論（カッコ内金額は各別の判決認容額）が存在し、特に同様の事例が少ないことからか損害額のばらつきもみられます。

①　障がい者（特に精神障がい者）や余命期間が短い患者の被害
②　胎児死亡（９００万円、１４００万円）
③　先天性障がい児の出産（３００万円、６００万円、９００万円）
④　子宮摘出（５００万円）等の臓器損害
⑤　事故後の不誠実な対応（１００万円、３００万円、４００万円、１７００万円）
⑥　因果関係の不確定要素（２００万円～１０００万円）
⑦　説明義務違反による自己決定権侵害（１００万円前後～１０００万円超）

Ｖ　消滅時効・除斥期間

１　制度趣旨

消滅時効と除斥期間については、援用権行使の必要性や中断・停止がある消滅時効とそうでない除斥期間がありますが、どちらも以下のような制度趣旨が解説されています。これはどちらも主に被告（加害者）保護の制度です。

(1)　法的安定性

長期間経過後の権利主張、それに基づく提訴が認められるならば、いつまでも紛争状態が継続することになり、法的安定性を失わせてしまうとされています。

(2)　反証、採証の困難性（被告保護）

長期間の経過により証拠が散逸し、立証および反証することの困難な訴訟が提起されるのを防止するため、一定の時の経過により一律に権利行使を遮断するのが妥当であるとされています。

(3)　権利の上に眠る者（原告）は保護に値しない

長期間自らの権利を行使しない者は保護しないとされています。

(4)　時の経過は被害者の感情を鎮静化

(5)　加害者の信頼（被告保護）

長年、権利行使を受けなかった加害者は、もう権利主張されないであろうと信頼するが、この信頼を保護する必要があるとされています。

2　時効・除斥期間制度の問題点

どちらも加害者側の保護制度であることから、不道徳な制度ともいわれ、２０１７年の民法改正の際には見直し議論もなされてきました（改正後民法７２４条および７２４条の２）。

(1)　消滅時効の起算点

民法改正前の第７２４条では「不法行為による損害賠償の請求権は、被害者又はその法定代理人が損害及び加害者を知った時から3年間行使しないときは、時効によって消滅する。不法行為の時から20年を経過したときも、同様とする。」と規定されていました。

ところで、一般原則は「権利を行使することができる時から」進行（民法１６６条1項）とされています。

しかし、不法行為は「損害及び加害者を知った時」（改正前民法７２４条前段）「不法行為の時」（同条後段）とされ、損害発生時説・通説判例と行為時説・少数説の対立があります。

そこで、実際の適用にあたってはできる限り起算点を権利者・被害者に有利に解釈されています。

(2)　消滅時効援用権の権利濫用

さらに民法第１条第３項の権利濫用の一般原則に従って、加害者側の悪質性を前提に、援用権の権利濫用も少なからず認められてきました。

(3)　改正前民法第７２４条後段は消滅時効か除斥期間か

条文上は除斥期間との明記がされていませんが、判例は最判平成元・12・21（民集43巻12号２２０９頁、判タ７５３号84頁）（不発弾事件判決）によって除斥期間とされています。

しかし、消滅時効説も有力です（以下参照）。

①内池慶四郎（私法判例リマークス１９９１(上)78頁）、②半田吉信（民商法雑誌１０３巻1号１３１頁）、③最判平成10・6・12（民集52巻4号１０８７頁、判タ９８０号85頁）（東京予防接種禍事件判決）における河合判事の反対意見、などです。

なお、石松勉（岡山商科大学法学論叢1号82頁、2号41頁）、釆女博文（鹿児島大学法学論集26巻2号１６１頁）、大村敦志（法学協会雑誌１０８巻12号２１０頁）、田口文夫（専修法学論集58号77頁）、吉村良一（法学教室１９３号１２６頁）、松本克美（法律時報70巻11号94頁）は、除斥期間としつつ、権利濫用や信義則の適用を肯定しています。

⑷　除斥期間の起算点

以下、３つの最判を引用します。

㈠　最判平成16・４・27（民集58巻４号1032頁、判タ1152号120頁）――筑豊じん肺事件判決

民法724条後段除斥期間の起算点について、「身体に蓄積した場合に人の健康を害することとなる物質による損害や、一定の潜伏期間が経過した後に症状が現れる損害のように、当該不法行為により発生する損害の性質上、加害行為が終了してから相当の期間が経過した後に損害が発生する場合には、当該損害の全部又は一部が発生した時が除斥期間の起算点になると解すべきである」としています。遅発性や蓄積進行性の疾病の場合に、上記のように解すべきであるとする理由について、同判決は、「損害の発生を待たずに除斥期間の進行を認めることは、被害者にとって著しく酷であるし、また、加害者としても、自己の行為により生じ得る損害の性質からみて、相当の期間が経過した後に被害者が現れて、損害賠償の請求を受けることを予期すべきであると考えられるからである」とします。

なお、最判平成６・２・22（民集48巻２号441頁、判タ853号73頁）（長崎じん肺事件判決）は、行政上の決定（管理区分）や死亡をそれぞれ異なる損害と捉えました。

㈡　最判平成16・10・15（民集58巻７号1802頁、判タ1220号79頁）――水俣病関西訴訟判決

水俣湾周辺海域の魚介類を食べてきた被害者らが、同地域から転居後、遅発性水俣病を発症したという事案で、前記魚介類を食していた最後の時期である他の地域への転居直前を加害行為の終了時とせず、遅発性水俣病の潜伏性という病態を捉えて、損害の全部または一部が発生した時を除斥期間の

起算点としました。そのうえで、損害の発生した時期が不明な場合、上記転居から遅くとも４年を経過した時点を除斥期間の起算点とすることによって、上記被害者らが除斥期間にかかることのないように救済しました。

(ウ)　最判平成18・6・16（民集60巻5号1997頁、判タ1220号79頁）
――集団予防接種によるＢ型肝炎事件判決

前記筑豊じん肺最判、水俣病最判を引用したうえで、「上記見解に立って本件をみると、前記事実関係によれば、〔1〕乳幼児期にＢ型肝炎ウィルスに感染し、持続感染者となった場合、セロコンバージョンが起きることなく成人期（20～30代）に入ると、肝炎を発症することがあること、〔2〕原告X1は、昭和26年５月生まれで、同年９月～昭和33年３月に受けた集団予防接種等によってＢ型肝炎ウィルスに感染し、昭和59年８月ころ、Ｂ型肝炎と診断されたこと、〔3〕原告X2は、昭和36年７月生まれで、昭和37年１月～昭和42年10月に受けた集団予防接種等によってＢ型肝炎ウィルスに感染し、昭和61年10月、Ｂ型肝炎と診断されたことが認められる。そうすると、Ｂ型肝炎を発症したことによる損害は、その損害の性質上、加害行為が終了してから相当期間が経過した後に発生するものと認められるから、除斥期間の起算点は、加害行為（本件集団予防接種等）の時ではなく、損害の発生（Ｂ型肝炎の発症）の時というべきである。」としています。

なお、福岡地判平成18・8・30（判時1953号11頁）は、前記最判平成18・6・16を引用したうえで、「急性肝炎を発症しない不顕性感染の場合もあり、また、急性肝炎を発症した場合であっても、自然治癒する場合もあって、……急性肝炎又は不顕性肝炎が持続感染となった場合には……無症候性キャリアとして推移する場合もあることが認められる。」「こうしたC型肝炎の病変の特質に照らすと、除斥期間の起算点は、ＨＣＶの持続感染となった旨の診断がされた時又は持続感染による症状が発症した時と解するのが相当である。」（名古屋地判平成19・7・31訟月54巻10号２１４３頁も同旨）としました。

(5)　除斥期間の適用制限

前掲最判平成10・6・12（民集52巻4号１０８７頁）（東京予防接種禍事件判決）は、予防接種でワクチンを接種した結果、後遺障害が残り、意思無能力の常況に陥った被害者らが、国を相手に損害賠償請求を行ったところ除斥期間を経過していたという事例で、除斥期間を適用することが「著しく正義・公平の理念に反する」場合、除斥期間の適用が制限されることを認めました。

「不法行為の被害者が不法行為の時から20年を経過する前6ヶ月内において右不法行為を原因として心神喪失の常況にあるのに法定代理人を有しなかった場合において、その後当該被害者が禁治産宣告を受け、後見人に就職した者がその時から6ヶ月内に右損害賠償請求権を行使したなど特段の事情があるときは、民法１５８条の法意に照らし、同法７２４条後段の効果は生じないものと解するのが相当である。」としています。

また、最判平成21・4・28（民集63巻4号８５３頁、判タ１２９９号１３４頁）は、殺人による相続人から加害者への損害賠償請求事案について、民法１６０条の法意に加え、加害者の死亡隠蔽作出事情も加味して、適用制限しました。

なお、改正後民法第７２４条では「不法行為の時から20年間行使しないとき」も「時効によって消滅する」と明示されました。

3　薬害事案の特殊性

(1)　被害者側の事情

薬害事件では、被害者側に「権利の上に眠る」状況が欠如しています。

第1に「加害者を知る」ことの困難性ですが、被害者には損害賠償請求権の存否（過失・違法性・因果関係）の判断が困難です。

第2に、遅発性被害の存在と被害者が「損害を知る」、「損害の全部又は一部が発生」している事実ですが、被害を被害者が医学的検査や臨床症状の発現なしに認識することが困難な事案（血液製剤によるＨＩＶ、ＨＣＶ感染、薬害ヤコブ事件など）が少なからず存在しています。

(2)　加害者側の事情

証拠の散逸と反証の困難性の程度ですが、国の承認手続に関する資料や企業の内部資料は公開されずも、散逸されずに存在しています。また、医学・薬学文献等の客観的資料も存在しています。

(3)　まとめ

法的安定性・加害者の信頼を重視するか、公正・正義を重視するか、ということになれば、おのずと後者を重視すべきということになります。

第3章

戦略的民事訴訟手続論

Ⅰ　総論

本項は、医療事故や薬害などの医事関係訴訟を素材に戦略的民事訴訟手続について私見を述べるものです。

これら医事関係訴訟は専門訴訟、大規模訴訟とも呼ばれ、現実の医療に伴う密室性・専門性・封建制の壁のほかに司法の壁が待ち受けています。

この司法の壁を乗り超えるべく、事案に則した手続を戦略的に考察して、裁判所や相手方代理人に提示・協議して訴訟進行することが必要です。

ここで検討しなければならないのは、民事訴訟手続を規定する民事訴訟法が、伝統的には公権力（裁判所）と訴訟当事者の関係を規律する「公法」と考えられてきたことについてです。公法だとすると民事訴訟法や同規則で明記されていない手続を開発することはできても、これらの法規に反する手続を行うことはできないことになります。

しかし、民事訴訟法および同規則について私法的性格も有するとする「審理契約論」（山本和彦著『民事訴訟審理構造論』〔信山社、１９９５年〕）も有力に主張されています。つまり、この見解に基づけば裁判所と当事者の協議により現行法で定められた手続に反する手続（いわば民訴法破り）を、裁判所と当事者間で合意すれば、これを行うことも可能といえるわけです。

その理念は現行民訴法（2条）の「裁判所は、民事訴訟が公正かつ迅速に行われるように努め、当事者は、信義に従い誠実に民事訴訟を追行しなければならない。」との規定に示されているともいえるのではないでしょうか。

これからも事案に則した新たな民事訴訟手続を、裁判所や相手方代理人と協議・合意して開発してゆくことも患者側医療専門弁護士の役割だと考える次第です。

医療事故訴訟手続については東京地方裁判所プラクティス委員会編著『計画審理の運用について』（判例タイムズ社、2004年）が発刊され、大阪地方裁判所医事部の審理運営方針も最高裁ホームページ（https://www.courts.go.jp/osaka/saiban/medical/index.html）に公表されているので、参考にしてください。

大阪地裁医事部の紹介と審理運営方針についての内容は以下のようなものです。

［医事部について］

第1　医事部とは～医事部の紹介～

1．医事部の誕生

2．医事部で取り扱う事件

第2　医療訴訟入門

1．はじめに

2．訴え提起から争点整理

3．証拠調べ
4．鑑定について
5．判決又は和解

［大阪地方裁判所医事部の審理運営方針（ダイジェスト版）］
第１　はじめに
第２　第１回口頭弁論期日までの当事者の活動
第３　争点整理手続
第４　書証の提出
第５　争点整理段階での専門的知見の活用
第６　人証調べ
第７　鑑定
第８　和解
第９　審理終盤における訴訟活動

前掲東京地方裁判所プラクティス委員会『計画審理の運用について』においても「第２部　訴訟類型別の計画審理」「第８　医療訴訟」および「第４部　資料編」において医療事故訴訟における民事訴訟手続が解説されています。

１９９８年から施行された現行民訴法の審理方式は、①計画審理 ②争点と証拠の整理手続 ③集中証拠調べを基本とする、大規模訴訟や専門訴訟への手続的配慮です。この新民訴法手続が始まるや、旧民訴法時代の審理手続については「漂流型審理」「五月雨式証拠調べ」「鑑定依存型心証形成」などと批判的にいわれるようになりました。

本項では、旧民訴法時代から筆者が実践してきた戦略的審理手続を含めて解説してみたいと思います。

なお、筆者が担当した大規模訴訟である薬害エイズ訴訟や薬害肝炎訴訟では、原告のプライバシー保護を目的として原告の住所氏名は訴状にのみ記載し、各原告を原告番号で表示し、訴訟記録の閲覧も制限しました。

そのほかに、訴状提出前に裁判所や被告に訴訟記録の管理の徹底を要請し、公開法廷では原告番号で表示し、原告本人の意見陳述や尋問も衝立を置いて行ったり、非公開法廷で行いましたが、これらは裁判所と被告代理人との協議によって実施されました。

Ⅱ　計画審理

計画審理について現行民訴法第147条の2には「裁判所及び当事者は、適切かつ迅速な審理の実現のため、訴訟手続の計画的な進行を図らなければならない」と規定されています。そして第147条の3において具体的審理計画について定めています。これらの規定は1996年6月制定（1998年1月施行）の現行民訴法で条文化されたものです（2003年改正で大規模訴訟等に関する特則から一般条項化)。

筆者が最初に審理計画の重要性を認識したのは1989年に提訴した薬害エイズ訴訟でした。訴え提起前から被害者の死亡が続き、原告が生きているうちに早期に勝利判決を勝ち取らなければならない、と考えたからです。第1回期日に裁判所に提出した審理計画についての「意見書」(**資料2**1)をご参照ください。

さらに筆者たちは現行民訴法制定の2年前の1994年5月福島地裁いわき支部に提訴した医療事故訴訟(いびき手術死事件)において、第1回期日の前に審理計画に関する上申書を裁判所に提出しました(**資料2**2参照)。提訴時に書記官から「着任して10年程になるが、この間、いわき支部に医療事故訴訟が提起されたことはない」旨の説明を受けました。そこで薬害エイズ訴訟において計画審理の重要性を感じていたことと3年以内に勝訴を勝ち取るとの決意が上申書提出の要因でした。上申書では医療事故訴訟の一般的な流れ、本件における争点整理の要点と双方からの早期提出書証、人証調べの具体的特定等について記載しました。争点整理を半年で終え、関係者3人の人証尋問に加え、私的鑑定証人の対質尋問(**資料4**2参照)で結審して、提訴から2年10ヶ月で全面勝訴判決(福島地いわき支判平成9・3・12判タ961号245頁)が言い渡され、当時としてはかなりの迅速かつ充実審理でした。

なお、2002年提訴の薬害肝炎東京訴訟は、現行民訴法施行後ですが、進行協議において立証計画に関する意見書を3度提出しました。

計画審理については民訴法第147条の2・3で規定されていますが、これは当初「大規模訴訟に関する特則」に規定されていたものを2003年の改正で一般条項の訴訟手続に移したものでした。

審理計画の策定者は民訴法（改正前の268条）によれば裁判所とされていましたが、筆者は自らが代理人（原告であろうが、被告であろうが）として裁判所に対して審理計画を策定・提案し、計画審理の主導を果たすべきと考えています。

旧民訴法時代は要件事実については主張・立証責任がある者がまずもって主張立証すべき、つまり立証責任が訴訟手続の入口で問われていると考えられていました。しかし、現行民訴法においては第2条から導かれる当事者の事案解明義務により立証責任は訴訟手続の出口、つまり裁判所が審理を尽くしたが心証形成に至らなかった場合に問われることになったわけです。

当初、計画審理は大規模訴訟のような長期に及ぶ訴訟手続の迅速化促進と考えられていたようですが、迅速化のみならず審理の充実化をもたらしたといえます。

資料2

1 意見書

1990年1月29日

第一．はじめに（略）

第二．被告の責任（略）

第三．本件訴訟の進行について

本件訴訟の第一回口頭弁論に際し、原告代理人として本件訴訟の進行についての意見を述べたいと思います。

一、本件訴訟の特質からみた迅速審理の必要性

本件訴訟の審理にあたっては、何よりも、これから述べる二つの特質について認識しておくことが

必要であると考えます。

1、薬害訴訟としての特質

本件訴訟の第一の特質は、被告ら製薬企業が製造販売もしくは輸入販売し、被告国（厚生大臣）が承認した血液製剤という医薬品を使用した原告らが、ＨＩＶと呼ばれるウィルスに感染させられて被害を蒙った薬害について、被告らに対し、損害賠償を請求するいわゆる薬害訴訟であるという点であります。

そして、本件訴訟が薬害訴訟であるということは、本件訴訟に関与する者は、先例とも言うべきサリドマイド・スモン・クロロキン等の薬害訴訟、とりわけ全国各地の裁判所で審理された未曾有の薬害訴訟であるスモン（キノホルム薬害）訴訟の経験の中から、多くの教訓を汲み取って、それを本件訴訟の審理にあたっても十分に生かす必要があるということであります。

しかし、本件訴訟は、過去の薬害訴訟と多くの共通点を有していますが、重要な点で異なる特質をもっている点についても、認識しておく必要があります。

すなわち、過去の薬害訴訟は、いずれも、いわゆる純正医薬品自体の副作用による被害が問題にされた事案でありました。しかし本件訴訟は、医薬品の中に本来混入してはならない異物であるＨＩＶと呼ばれるウィルスの混入した欠陥医薬品である血液製剤を、被告ら製薬企業が、安全な医薬品であるという品質保証までして消費者である原告ら被害者に、医療機関を介して販売し、これを使用した原告らが、ＨＩＶに感染して被害を蒙った薬害訴訟であるという点であります。

本件訴訟が有しているこのような特質は、被告ら（特に製薬企業）の責任の在り方と証明責任を考える上でも十分に考慮されなければならない点であるといわなければなりません。

原告らが、本件訴訟において、被告ら製薬企業の責任を追及する法理として、過去のスモン訴訟等の判決で認められた不法行為責任の法理のみによらないで、第一次的には債務不履行の法理によったのは、製造物責任に関する最近における欧米の立法並びに判例の動向を踏まえつつ、我が国の製造物責任や薬害訴訟をめぐって展開されてきた学説・判例の到達点と、労働契約から売買契約等の関係にまで拡張されつつある最高裁判決（昭和50年2月25日）によって確立されたいわゆる安全配慮義務違反に関する判例法理に立脚して、本件訴訟の審理を可及的すみやかに進めたいと考えたからにほかなりません。

裁判所におかれては、本件訴訟の審理を進めるに当たっては、何よりも本件訴訟の有する薬害訴訟としての以上述べたような特質を認識して頂きたいと思います。

２、本件被害の特質

本件訴訟が、過去の薬害訴訟と異なる第二の特質は、本件の被害についてであります。すなわち、原告らが蒙ったＨＩＶ感染ないしＡＩＤＳという被害は、現代の医学では、必然的に数年内に死亡（文献によれば6年以内に１００％死亡とされている）に至る不治の病（本件感染被害者のうち数名の者はすでに死亡している）であり、原告らＨＩＶ感染被害者は、いわば、数年後に死刑執行の宣告を受けた者や末期癌の患者と同じように、免疫不全によってひき起こされる各種の病気による苦痛と闘いながら、毎日毎日死の不安とでくわしているような状態にあるということであります。しかも、原告らＨＩＶ感染被害者は、このような被害に加えて、学校や職場などのあらゆる生活環境から、感染の恐れあるという偏見によって家族ぐるみで村八分的差別・迫害をうけている（朝日新聞1990年1月14日付朝刊等参照）ため、隔離病棟に入れられて人権を侵害されてきた、かつての結核患者やハンセン氏病患者の苦しみに勝るとも劣らない精神的苦痛を現に味わっているということであります。

ＨＩＶ感染者が蒙ったこのような被害は、過去のいかなる公害・薬害等の被害者といえども経験したことのない悲惨かつ深刻な被害であります。それがゆえに、本件訴訟における生存原告らの「生きているうちに救済を！」の願いほど、万人の胸に真に迫るものはないといえるのであります。

裁判所並びに被告らにおかれては、本件訴訟の有するこれらの特質を十分に認識して頂き、本件訴訟の迅速な審理と原告らＨＩＶ感染被害者の早期救済のために格段のご協をお願いする次第であります。

二、本件訴訟進行についての具体的提案

1、早期に本件訴訟における主張の争点整理を行う

本件訴訟は、薬害訴訟であり、先に述べたような特質を有する訴訟ではありますが、原告らの主張の訴状の記載から明らかなように、必ずしも多くの争点を有しているものではありません。

従って、被告らは、本件訴訟の審理とは余り関係のない無意味な釈明論争や科学論争によって、本件審理を遅延させるようなことなどないようにして頂きたいと思います。ところが、スモン訴訟においてなされた田辺製薬によるウィルス説の主張や、大阪ＨＩＶ訴訟並びに本件訴訟における被告らの答弁書記載の求釈明内容等をみるとき、残念ながら、本件訴訟においても、被告らに訴訟遅延の意図があるのではないかと疑わざるをえないのであります。

裁判所におかれては、被告らの訴訟遅延の意図に乗ぜられることなく、今後、月一回程度の弁論期日を四ないし五回程度入れて頂き、半年以内に当事者双方の主張についての争点整理を行うような訴訟指揮を行って頂きたいと思います。

２、早期に必要かつ十分な書証等を提出する

本件の当事者双方とりわけ被告らは、本件訴訟で問題とされる事柄については庞大な資料を有しているものと思料されます。

しかしながら、本件訴訟の争点に関係する証拠資料のうち、これを必要かつ十分なものに厳選するならば、自ら書証等の提出についても限定できる筈であります。

この点についても、スモン訴訟においては、田辺製薬がカルテの取寄せ申請したり、日本チバガイギーらが不必要とも思える外国における動物実験に関する資料等庞大な書証を法廷に提出したりした経験がありますので、被告らにおいては、訴訟遅延を来すこのような対応はしないということを確約して頂きたいと思います。また、裁判所におかれては、書証等の提出については、提出の時期を含めて、適切な訴訟指揮を行って頂くように要望する次第であります。

３、証人尋問は必要最小限の範囲で行い早期に審理を終結する

本件訴訟の争点が整理されて、この点に関する書証が適切に提出されるならば、多くの証人尋問は必要なくなる筈であります。

ところが、過去の公害訴訟・薬害訴訟の経験に照らすならば、被告企業らは、多くの場合、訴訟の争点とは関係のない科学（医学・薬学・化学・生物学等）の細かい問題を法廷の場に持ち出し、これらの

点について多数の証人尋問を申請してきたといっても過言ではありません。

裁判所は、多くの場合、適切な訴訟指揮によって、証人の採用等については制限してきたと言えますが、そうとは言い切れない場合がなかったかと言えばそうとも言えません。例えば、スモン訴訟における日本チバガイギーの申請にかかる外国人証人の採用等は、その例と言わざるを得ないのであります。

そこで、本件訴訟においては、被告らは、外国人証人を含めて、本件訴訟の争点とはあまり関係のない証人や鑑定人の申請などは、行わないように自制して頂きたいと思います。

また、裁判所におかれては、被告ら申請の不必要な証人尋問や鑑定等を適切に制限すると共に、迅速な審理をはかるため、最低限月一回程度全一日の証人尋問期日を入れて頂き、二年程度で証拠調べを終了してすみやかに結審するような訴訟指揮を行って頂きたいと思います。

４、早期に原告らの救済をはかる

以上の点について、被告らの協力があり、かつ、裁判所の適切な訴訟指揮がなされたとしても、先に述べたようなＨＩＶ感染ないしＡＩＤＳ被害の特質に照らすならば、本件訴訟の審理が終結する段階までに、生存原告らが生き長らえているという保障は全くない（現にＡＩＤＳを発症している原告番号６の原告は、病状が急激に悪化している）のであります。

従って、被告らは、本件訴訟の審理過程において被告らの責任が明確になったならば、判決を待つまでもなくその時点で、潔く原告らの請求を全面的に認諾するなどして本件原告らの早期救済のために協力して頂きたいと思います。

また、裁判所におかれては、先に述べた本件訴訟の特質に鑑み、適切な時期に、原告ら被害者の早期救済のために、積極的な行動をとって頂くと共に、それが不可能と判断される場合は、可及的すみやかに判決を言い渡して頂くよう要望する次第です。

１９９４年７月８日

２　審理手続に関する上申書

本件訴訟の審理の進め方について、次の点にご配慮頂けますよう上申する。

一、医療過誤訴訟の審理手続は、通常

(1)　主張の応酬と争点整理

(2)　書証提出

①　診療記録

②　医学文献

(3)　人証取調

①　担当医、担当看護婦

②　原告本人

(4)　中間的主張整理

(5) 鑑定
(6) 最終準備書面の提出

等によって構成されている。

二、証拠調前の争点整理については、まず被告が原告の主張に対し、
① その認否のみならず
② 診療記録を引用した診療の経過
③ 参照すべき医学文献を引用した医学的主張とこれについての法的主張

をすることが求められる。

なお、本訴訟においては提訴前に被告による原告に対する経過説明及び原告代理人から被告への訴状同様の意見書（1993年12月9日付）の提出がなされ、被告代理人も提訴前から本件紛争に関与しており、従って被告の前記のような主張は、第一回期日に提出することも出来るものといえる。

一般に医療過誤訴訟の審理は通常訴訟にくらべ長期化傾向にあるので、訴訟関係者の迅速化の努力が求められており、その第一段階としては、被告が前記主張の提出並びに翻訳を付した診療記録及び被告の医学的主張を裏付ける医学文献の各提出を迅速に行うよう訴訟指揮をして頂きますよう上申するものである。

三、更に第二段階としての人証取調につきましては、原告は本件診療担当者として原告主張の過失行為に直接かかわったA医師（耳鼻科）及びB医師（麻酔科）を、原告本人としてC（妻）及びD（父）をそれぞれ申請する予定である。

被告からはこの他にＥ医師（内科いびき外来）及びＦ医師（病理医）の申請が予想される。しかし右二証人については、Ｅ医師の診療行為につて過失が問題とされていないこと、解剖結果は書面化されて書証として提出されるべきものであるが、Ｆ医師の証言は右書面以上に死因について補充されるものでないことからいづれも不要と原告は考えている。

ともあれ、争点明確化の後、直ちに人証決定できるよう被告も主張と併行して人証申請を準備されるべきと考える。

四、医療過誤訴訟の審理促進のため、原告側も一層の努力をする所存であるので、裁判所にいかれましても格別のご配慮をお願い申し上げる次第である。

なお、別紙黒田直行（名古屋法務局長）「訴訟指揮」（裁判実務大系17、医療過誤訴訟、青林書院、１９９０年）を参照されたい。

Ⅲ　争点・証拠の整理手続

1　訴状起案

審理計画の第1は争点と証拠の整理手続で、その出発点は訴状です。原告代理人としては裁判所にわかりやすい訴状を作成し、自ら進んで争点と証拠の整理を主導することが必要です。

資料31は筆者が1990年代から手控えにしていたメモを現行民訴法施行後に医療問題弁護団研修用に作成した医療事故訴訟における「わかりやすい訴状（請求の原因）書き方試案」です。目次作りと訴状構成、医学専門用語の解説、文献の引用方法等および診療経過事実・原因論・責任論の記載方法を問題提起しています。

2　争点整理

争点整理については、筆者が2002年に作成したマニュアル「医療過誤訴訟における争点整理の手法」（**資料3**2）をご参照ください。

ここでは迅速な争点整理の基本、損害賠償責任要件、医原病型と疾病悪化型の区別、被告の主張と争点整理、診療経過の杜撰さと責任論構成、多岐的主張の功罪、争点整理と専門知見の要否等を述べています。

資料３

①　わかりやすい訴状（請求の原因）書き方試案

２００２・11作成
２００５・５改訂

はじめに

計画審理・集中証拠調型の医療訴訟における争点整理には、裁判官が原告の主張を理解し、書証（主として診療記録と医学文献）も踏まえて早期に心証形成に入り込みながら、争点整理を効率よく迅速に行うことが求められている。そのために重要なことは訴状からわかりやすい主張を展開することである。

新審理方式は、当事者に対し、争点整理段階で

①　主張整理のために「診療経過一覧表」（検査結果一覧表、投薬一覧表等を含む）、「医学用語集」

②　書証の整理のために、書証のＡＢＣ分類に基づくＡＢＣ別の「個別証拠説明書」及び争点別

「総括証拠説明書」の作成を求め、「争点整理表」を完成することをめざしている。このことは各整理が争点を明確にすることに資し、集中証拠調に役立ち、よって早期かつ集中的な心証形成に達すると考えているからに他ならない。

そうであれば、かかる諸文書の作成を含めた争点整理の中間ゴールに向け、わかりやすい書面づくりを心がけるべきは原告代理人の責務ではないだろうか。

本稿はかかる問題意識で、原告主張とりわけ訴状作成の技術的ポイントを念頭に問題提起をするものである。

1. 目次づくりと訴状の構成

(1) 訴状とくに原因論、責任論は詰まるところ診療経過的事実（診療記録等から）と医学的知見（主として文献から）の組合せで主要事実を組み立てて主張することになる。

(2) これらの指摘が詳細になればなるほど論理的には説得性を増すが、印象的には〝難しい〟との思いを裁判官に抱かせてしまう。

(3) まずは全体の構成を目次で予告し、内容の記述は主張とその根拠（証拠）のレベルを使いわける工夫（文字のポイントの区別等）が必要であろう。

(4) 訴状・請求原因の目次的構成についての1例である。

第1．事案の概要

冒頭にどんな事件かを4～5行程度で説明する。
第2．当事者等
原告、被告、その他の登場人物の説明をする。
第3．診療経過等
発病や受診から本件訴訟に至った経緯を簡略に述べつつ、原因論、責任論にとって重要な診療経過事実を抜き書きする。
第4．原因論
被害に至った医学的機序を明らかにする。
第5．責任論
医原病型と疾病悪化型の区別を意識して構成する。
※原因論、責任論の構成及び法的論点は別紙参照。
第6．被害論
当事者の思い（被害の実相）を書いたうえで、損害額の算定に入る。
第7．結語

2．医学専門用語の解説

訴状段階では、初出の該当部分に脚注的に記載する等の工夫が必要である。

被告との用語の使い方のズレ等がでることを防ぐためには文献的裏付け（引用明示）をつけられれ

ばなおよい。

「医学用語集」への転記は直ちに可能である。

前述目次の第2と第3の間に「医学的知見」の項を立てて、まとめ書きする方法（判決にままみられる）もある。

3．文献の引用方法等

医学文献の引用の仕方は、従来から立証命題の事実を書いて文献参照とする方法と、引用文献の記述を並べて、立証命題の事実を引き出す方法があるが、立証命題を明確に主張して、その証拠として文献の引用部分（ポイントを落とす等の工夫があるとよい）の記述をするのがよい。文献引用が「個別証拠説明書」や争点別「総括証拠説明書」作成に連動しやすい方法を予め念頭においた方が便利である。

判例の引用も同様である。

4．診療経過的事実の記載方法

診療経過や原因論・責任論を書くうえで、時系列的事実は文章性より一覧性を重視した方が理解しやすい。

診療記録からの引用はその旨の明示を行う。

いつでも「診療経過一覧表」に移せる用意を予め行っていることにもなる。

5．原因論の記載方法

医原病型であれ疾病悪化型であれ、死亡や後遺症という結果に至った医学的機序を明らかにすることになる。

結果に至る経路が多少なりとも長目ないし複雑化している場合は「模式図」をつくって明示した方がわかりやすい。

6．責任論の構成方法

(1)　被告の選択にも関連するが、個々の医療従事者の過失を個別に構成する（かなり複雑な主張になりうる）より、開設医療機関の責任（法人の不法行為責任、診療契約責任）として構成する方がわかりやすい。

(2)　判例・多数説に従えば、過失は結果回避義務違反説である。回避義務は、予見可能性のみで発生すると考えることもできるが（とくに医原病型の場合）、診療上の注意義務（主として文献立証）も合わせて主張することで説得性を増す。

＊なお、私見では最近、予見義務違反に立脚して、医原病型と疾病悪化型とで、過失・違法性・因果関係を区別して論じている。

(3)　医療過誤責任では注意義務違反の数が複数に及ぶことも少なくない。理解しやすくするためには、数は医原病型では①発生責任（医原病防止義務違反）②治療責任（医原病の診断治療義務違反）の２つでまとめ、疾病悪化型では治療責任として１つにまとめる方がわかりやすい。

(4) 過失の時点（これが不明確な訴状も少なくない）はピンポイントでとらえず、時間帯でとらえるようにしている。過失をピンポイントでとらえると過失の数は増え、構成も複雑となり、理解も難しくなる。

(5) 疾病悪化型では結果回避可能性（治癒率等）を因果関係論として主張立証することになる。

終わりに

これらの手法を用いて訴状を起案すれば、「争点整理表」における原告の主張欄は瞬く間に記載できるはずであるが、実際はそうでもない。重要なことは

① 短いタイトルで表現できる項目づくり

② 主要事実について短い記述で理解できる主張

③ その根拠となる診療事実と医学知見の要領のよい指摘

の3段階を使い分けるセンスが必要である。

「争点整理表」は、簡略版でも、詳細版でもつくれる使い分けも必要である。

弁護技術にとって重要なことは〝裁判官の理解を促進する〟手法を開発することである。

2002・3作成

2 医療過誤訴訟における争点整理の手法

１．迅速な争点整理の基本は原告主張の明確化

争点整理の基本は何と言っても原告主張（請求原因）の明確化にある。そのためには損害賠償責任の要件事実を踏まえなければならないことも自明の理だ。

２．損害賠償責任の要件事実

損害賠償責任の要件事実は債務不履行責任で構成するか、それとも不法行為責任にするかで、過失と因果関係の骨組みの違いはあるが内容は変わらない。すなわち結果の予見可能性、回避義務（診療義務）と因果関係が責任要件である。

債務不履行責任は履行すべき診療義務（結果との因果関係が求められることから結果回避義務と一致する）の違反を過失とするが、相当因果関係で通常生ずべき損害に限定されて予見可能性が要求される。そして不法行為責任は、予見可能性と回避義務（診療義務と内容を一にする）と因果関係が責任要件である。結局どちらでも同じというわけだ。

３．医原病型と疾病悪化型

(1)　はじめに

責任論構成の違いはむしろ医原病型（作為型）医療事故と病状悪化型（治療不実施型、不作為型）医療事故の区別の方が重要だ。

医原病型では医原病の発生責任と治療責任が、病状悪化型では疾病の治療責任のみが問題となる。

(2)　結果と原因の機序

事実の主張として基礎をなすのは、被害（結果）の原因である。被害に原因力を与えた事柄を医原病型と病状悪化型の区別を念頭に、その医学的機序をまずもって明確にする必要がある。

原告の主張は、どちらかというと過失の構成に目を奪われすぎて、この点が不明確な主張が少なくない。

(3)　医原病発生責任

医原病発生責任の過失と因果関係は次のような事実によって構成される。すなわち、①具体的医療行為（検査、手術、投薬等）の特定②結果（死亡、後遺症等）との因果関係（これは前述の被害の原因論と一致する）及び③予見可能性を前提として、当該医療行為を実施した注意義務違反（過失）を主張することになる。

この過失は大概①医学的適応性の欠如（有効性・必要性にくらべ危険性が高い）②実施に伴う付随的注意義務違反（薬の投与方法の誤り等を含む）③説明義務違反（有効な承諾の欠如）によって構成される。

(4)　疾病治療責任

次に疾病（医原病を含む）の治療責任については、まず過失として診察（問診、検査を含む）不充分や誤診（重症度を含む）も加わりながら、行うべき治療行為を特定した適切な治療の不実施を主張することになる。実施すべき治療については説明義務や転医義務が問題となることもある。

結果の予見可能性及び因果関係論としての回避可能性（治癒率等）がこれに加わる。

4．被告の主張と争点整理

診療経過についての争いは少なくないが、責任論の大筋に対する被告の積極否認としては、因果関係についての他原因の主張があるくらいである。

以上のような骨格で原被告双方が診療経過に則した具体的主張をすることで争点は明確になる。

なお、法律上の主張としては、過失免責論としていわゆる医療水準論（最判平成7年6月9日判時1537―3、平成8年1月23日判時1571―57参照）や医師の裁量論が被告から主張されることもある。また因果関係論では蓋然性論（最判昭和50年10月24日判時729―3参照）の他には割合的因果関係論や不作為の因果関係論（最判平成11年2月25日判時1668―60参照）も問題となりうるが被告から積極的に主張されることは少ない。

5．診療経過のズサンさと責任論構成

被告の診療内容や診療記録の記載があまりにズサンで、診療経過の特定が困難な事案においては、前記の原因論や責任論の特定に困難を生じることがある。とりわけ疾病治療責任について考えられる。かかる場合には結果から考えた大胆な仮説を想定し、疾病解明義務違反を大前提として、被告側に重い反証責任を課すことも考慮する必要がある。

6．多岐的主張の功罪

私の経験から言えば、原告の過失や因果関係の主張が多岐にわたると裁判所の心証が分散されるこ

とからあまり得策でない印象を受ける。従って戦略的に主張を絞り込むことも検討対象である。

7．争点整理と専門知見の要否

近年医療訴訟が専門知見を要する事案であるが故に、裁判所が専門家の協力なしには争点整理を迅速に行い難い旨の主張が目立つ。しかし、争点整理に手間取っているのは、当事者の主張に具体性・特定性が欠けているか、あるいは損害賠償責任の要件事実が念頭にないからではないかと思われる。当事者とりわけ原告の主張が明確にされていれば、争点整理は医学専門知見を有しなくとも容易に行い得ることを認識する必要がある。そして争点の明確化の責任は当事者にこそあると言うべきである。なお、当事者の主張が医学的知見を踏まえた主張であるべきことは事案の性質上当然のことで、かかる前提となる医学的知見については可能な限り医学文献等の裏付けをもって主張することが望ましいこともまた当然のことである。

8．その他

訴提起前に被告から診療経過に関する説明がなされていれば、原告の主張（訴状請求原因）は争点を意識したものになり、従って争点整理も迅速に行われてしかるべきである。

しかし、訴提起前の説明が被告から拒否された事案においては、被告の主張を具体的に予測し得ない訴状もありえ、争点整理についての被告の責任はより重いものとなりうるであろう。

Ⅳ　集中証拠調べ

1　集中証拠調べの期間と内容

原告にとって比較的立証困難な医療事故訴訟においても集中証拠調べは1期日（1日）で終了することが多く、2期日にまたがる場合もその間隔は短く、そのことで裁判所にとっても心証形成が容易になったといわれています。

内容は被告側担当医証人と原告本人尋問が中心で、時として担当看護師、私的鑑定証人が加わります。かつて筆者の若手弁護士時代の経験では、被告側担当医証人尋問だけで主尋問と反対尋問を合わせて6期日・約1年に及んだこともありました。

当事者代理人にとっては、尋問方法として論点主義を重視し、他の人証との関係では別席、同席、対質を使い分ける工夫が必要です。

ある裁判官はかつて、「別席型の集中証拠調べになって宣誓の意義が出てきた」と述べていました。つまり五月雨式証拠調べでは別席にしても後日尋問調書を読むことができるから、口裏合わせも可能となるが、別席型集中証拠調べでは口裏合わせはバレやすく、宣誓に意味が出てくるというわけです。また交互尋問方式とそこでの当事者代理人の尋問技術の重要性が再認識されたことにもなりました。

以下、各論的に①敵性人証尋問 ②対質尋問 ③原告本人尋問 ④大規模訴訟を例にとって経験を述べたいと思います。

2　敵性人証尋問

被告側担当医の尋問については「鈴木式『敵性医師尋問の心得』」（**資料4**①）をご参照ください。

ここでは、医学文献の活用法、診療記録の分析、尋問準備、尋問手法および尋問メモの準備書面への活用について述べています。

3　対質尋問

筆者はある事案の原被告双方からの私的鑑定証人尋問に際し、対質尋問を1991年に初めて実践しました。

事案は12枚のレントゲン写真から胃癌の疑いを検出できるかが争点とされ、原告側と被告側の双方から対立的な私的鑑定書が提出され、双方から鑑定証人尋問が申請されたケースでした。

何とか2証人に論争させて裁判所の心証を形成したいとの考えからでした。旧民事訴訟法と規則を検討し「対質」の規定を見つけ、当時はまだほとんど行われていない対質を活用したのでした。書記官と裁判官も対質の経験はなく、民訴法文献調査でも条文以外には見出せなかった時代でした。結果は裁判所のクリアーな心証形成につながりました。

油井香代子「胃ガン判定をめぐる裁判で『対質』」医療事故情報センター・センターニュース47号4頁（**資料4**②）の傍聴記録をご参照ください。

対質尋問の経験は旧民訴法の時代にあと2回あり、３回目は前述の「審理手続に関する上申書」（**資料２**②）を提出した「いびき手術死事件」（１９９４年提訴）で、これも見事に成功しました。

２回目の失敗経験から学んだこともありました。失敗例からの学びは、①論点の多い事案には向かず、１期日で終了させなければ心証形成につながらない②双方の証人の専門分野が同じでなければ心証形成につながらない、できれば相手方人証と比べて専門性の高い人証を選びたい、というものでした。

この失敗事案は、原告側に有利な意見を提出した公立病院麻酔科医の鑑定人と被告申請の小児神経を専門とする大学教授の鑑定証人でしたが、鑑定書によって形成された請求認容心証が対質によって崩れること（心証不明）になった事案でした。

現在の地裁医療部では集中証拠調べにおいて対質的尋問が少なからず活用されているようです。なお、２００３年から翌年にかけて放映されたテレビドラマ「白い巨塔」では、手術に関する説明義務違反の有無について、このドラマの主役の財前五郎医師と死亡した患者の妻（原告本人）の対質尋問が行われていますが、このドラマの法律監修を行った患者側医療専門弁護士の提案によったのではないかと推測しています。

４　原告本人尋問

原告本人尋問の目的は、争いのある事実経過と被害の実相を立証することにあります。以下は大規模訴訟（薬害訴訟）における原告本人尋問についての解説ですが、個別事案においても活用できるものと考えています。

⑴　裁判官の認識

以下、大規模訴訟において、裁判所が原告本人尋問からどのような心証を形成したのかについて、薬害スモン福岡訴訟判決と薬害エイズ訴訟和解勧告所見からみてみたいと思います。

(a)　薬害スモン福岡訴訟判決（福岡地判昭和53・11・14判タ376号58頁）から

「以上に述べてきた種々の被害は、それぞれが個別的なもの、孤立的なものでなく、互いに密接に不可分な総体として複合して、原告患者らを包み込み、日夜休む間もなく喘ぎ苦しめている。その根源が肉体的苦痛にあることからの叫び、安全であると信頼して飲んだ薬が毒であったことを知った悲しみからの叫びであることに、裁判所も被告らも、よく耳を傾けなければならない。これこそが本裁判の原点であるからである。

それは

第一に、『もとの体にかえせ』との叫びにみられる早期完全救済への当然の願いであり、

第二に、『薬害根絶』との訴えにみられる道義性の高さである。17番高砂佳枝は、スモンで青春をなくし、婚約者との結婚をあきらめ、6年の闘病生活を経て到達した心境を次のように述べている。『同じ患者に原田澄子さんがいます。その人が今年のスモン県民集会のときに、心の歌のひとつとして出されたものに、「こわれたる　この身が役に立つという　薬害訴え　今日も街ゆく」　スモンにかかって私の希望することを何ひとつ自分でできない、それでも私の身体でやれることがあった。健康な人よりも誰よりも。そして、すべての人々のためになることが。私は本当に教えられました。』（原

第一七号証の三）薬害根絶という訴訟当事者の域をこえた国民的課題にどう答えるかが、今問われている。」

(b)　薬害エイズ和解勧告所見（1995年10月6日）

・「何らの落ち度もないのに、前記のように悲惨というほかないような死に至る苦痛を甘受せざるを得ないことは、社会的、人道的に決して容認できるものではないと考える。」（東京地裁）

・「原告ら多数の被害者がＨＩＶの感染により悲惨にして過酷というべき状況に鑑みるとき、本件医薬品による被害の発生につき、これら被害者を救済し解決をなすべき責任のある被告らが、なおも原告ら被害者の上記状況を放置することは、もはや人道的、社会的に許されないというべきである。」（大阪地裁）

以上のような裁判官の心証形成にとって原告本人尋問の影響は決して小さいものではありません。

(2)　被害者本人にとっての意義

以下は、薬害肝炎原告が本人尋問をどのように捉えていたかについての発言です。

「訴訟をやっている間、ずっとつらい状態でしたが、一番つらかったのは２００５年10月の原告本人尋問の準備でした。３ヶ月ほどかけて、弁護士との打ち合わせを二十数回しました。実名を公表していましたので、それまでも講演会や勉強会で自分の被害状況を語ってはいたのですが、原告本人尋問では、これまでのような内容で被害を語るくらいではとても済まされなくて、弁護士の追求がとても厳しく徹底されていたのです。

そのとき、私が今まで講演会などで話していたことは、自分が言いたいことだけだったことに気が付いたのです。法廷で被害を語るというのは、話しやすいことだけを語るのだけでは済まされない、一番つらいところや苦しいところをさらけ出し真実を話さないと、裁判官には届かないということがそこでやっとわかりました。こうして自分の被害と向き合い、言葉にする作業が3ヶ月間続いたのです。

感染してからいろいろなことをあきらめてきました。そのことには触れないようにして、心の隅に隠してきました。そのようにして20年近く生活してきたので、またそこに触れなくてはならないことが、私には一番つらいことでした。毎日、毎日被害のことを話すのが苦痛で、その上厳しい追及にどう答えていいのか言葉が見つからず、泣いたこともありました。そのときふと弁護士に目を向けると、弁護士も目に涙を溜めていました。『この先生は私の苦しみを本当にわかってくれている』とその時思いました。二人三脚で乗り越えた本人尋問でした。弁護士との強い信頼関係が最初からあったわけではなく、打ち合わせを重ねるうちに信頼関係ができたような気がします。」（薬害肝炎全国原告団出版委員会編『薬害肝炎とのたたかい』（桐書房、２００９年）２５８頁）

(3)　原告本人尋問における「被害の実相」の立証

原告本人尋問を損害論の立証のみならず責任論立証への影響をも位置づける必要があります。薬害スモン訴訟では「原告本人尋問で裁判官の目頭を潤ませなければ勝てない」と言い伝えられていたようです。

責任論の注意義務違反は悲惨な被害を踏まえての結果回避義務違反と捉えるからです。

原告代理人は、いかにして原告本人の言葉や態度で悲惨な被害を裁判官に理解してもらうかという役割を担っています。

薬害エイズ訴訟では、原告代理人の「その時はどんなお気持ちでしたか？」の質問に原告が思いあまって言葉が出ないで沈黙が続いたことに（そのこと自体が裁判官への訴えの表現でもあります）、若手原告代理人の目頭が熱くなり、「苦しかったのですよね」と問い「はい、そうです」で終わり、次の質問に移ってしまったという失敗談もありました。

5　大規模訴訟における集中証拠調べ

大規模訴訟では集中証拠調べを1日・1期日で終了させることはできません。そこでいくつかの工夫が必要です。

(1)　責任論立証

1つは論点ごとの集中証拠調べです。主尋問と反対尋問を同一期日で行うことが困難であれば、2日連続2期日も選択肢の1つです。

また大規模訴訟は多地裁提訴型も多く、その場合には論点ごとに証人を多地裁に振り分ける「分散審理」（私案）を検討すべきです。この場合には多地裁間でも協議し、ある地裁の集中証拠調べを他地裁に反映させるための工夫、例えば尋問の映像化（民訴規則68条）なども検討する必要があります。薬害肝炎東京訴訟では他地裁での尋問に東京地裁の受命裁判官の立会いも要望しましたが、実現されませんでした。

(2)　原告本人尋問

さらに原告のプライバシー保護が必要でかつ多人数になる本人尋問でも工夫が必要となります。

薬害エイズ東京訴訟では結審予定の原告本人尋問を2グループに分け、①公開法廷での衝立尋問方式（民訴法203条の3第2項・210条）と②同庁内受命裁判官による非公開尋問（12週連続・1期日3原告ら尋問、民訴法268条・195条）で実施しました。どちらも当時（1993～94年）は旧民訴法時代で、①は公開の裁判（憲法82条）に反し、②は受命裁判官制度は庁舎外での審理のみが認められていたのです。どちらも裁判所と当事者代理人の協議によって実施されました。魚住庸夫裁判長の英断に感謝しています。

なお、薬害肝炎東京訴訟では結審原告を被害の程度によってグループ分けし、各グループ代表の本人尋問を行うことで審理の迅速化を図りました。

資料4

[1] 鈴木式「敵性医師尋問の心得」

2002・10・24作成
2007・10・7改訂

1．はじめに

(1)　反対尋問ではなく、主尋問請求（証人申請）を行う。

(2)　尋問は、証人とのディベートでの勝利より裁判官の説得こそが最終目的であることを念頭に準備する。

(3)　尋問後準備書面で裁判官を説得するのではなく、尋問自体での説得・心証形成をめざす。そのためには、依頼者や傍聴人を理解基準にした尋問を準備する。

2. 文献の活用法

(1) 事前準備で当該証人執筆文献、所属医療機関執筆文献、出身医局執筆文献の検索をする。相手の土俵（争いにくい知見）で勝負するためであり、こちらの土俵に引きずり込む尋問は失敗（水かけ論）の確率が高い。

(2) その他の参考文献は反対説を使うのではなく、指導的論文（第一人者）、学会その他のスタンダードを活用。証人が勉強不足の医師であるなら更に反対説文献も活用。

(3) 鑑定人尋問では反対説文献の存在を前提に、鑑定意見の相対性を強調することも検討。

(4) 文献検索については、尋問等準備中に繰り返し思いついたキーワードで再検索する。

検索済文献の分析は書証未提出分も含めて、年代別に新しい順に並べ替えて歴史的に分析する。加えて、執筆者グループ別（学派別）にも分析する。

3. 診療記録の分析

(1) 診療経過の分析は、被告の主張や医師陳述書に惑わされず、診療記録をベースに行う。ベースのない事実の再現は心証をとらせにくい。

(2) 診療記録の中には「後日記録」がありうることを前提に、不自然な記載を探し出し、「改ざん」を印象づける。改ざんには免責ストーリーを前提とする動機・意図があるので、その意図を明確にする。

(3) 被告主張・陳述書の変遷を分析して一覧表をつくる。

4．準備

(1) 訴状作成段階、争点整理終了段階、尋問準備段階と、有責ストーリーの充実化は、昇華してゆくと考えて準備する。
(2) 尋問準備に時間をかけ、手抜きをしない。持てる想像力・企画力をフルに動員する。
(3) 尋問案づくりは、繰り返し行う記録検討中の思いつきをメモに残して、再構成する。
(4) 尋問案には、証拠上の指摘（診療記録、文献）を残し、誘導で否認したら、いつでも提示できるようにする。予め書証を示した尋問は時間の無駄なので行わない。

5．尋問手法

(1) 尋問案の組立は、文献的知見（一覧表を活用）と診療事実（一覧表を活用）を前提として、立証命題へのあてはめを証人に認めさせる誘導型を基本とする。
(2) 尋問の前提になりうる確認的事項は、事前の求釈明、当事者照会で行い、時間の無駄なので尋問では回避する。尋問時間が短いほど裁判官の心証はとりやすい。
(3) 有責ストーリー性の重視で論点主義の尋問を心がける。時系列確認尋問は裁判官の心証にとってインパクトがない。裁判官に尋問意図が理解できる尋問を心がける。
(4) すべての質問は有責ストーリーにつながるように構成する。オープンな質問は有責論につながる可能性の高いもののみとする。
(5) 尋問は回答を予測し、意味のないあるいは薄い証言（回答）をできるだけ避ける。

(6) 一般論で追い込めない時は、本件の特殊事情を強調して例外で追い込む。
(7) 悪しき結果からの反省・教訓と事故前文献の有機的結合をはかり、過失を印象づける。
(8) 尋問案に過度にこだわり過ぎずに、臨機応変さも考慮する。
(9) 相代理人に尋問意図を理解させて尋問中リアルタイムの証言評価と尋問補充の協力を求める。
(10) 各論点における結論的質問は、「いいえ」が予測されても問う意味があることもある（「強弁」の印象を与える）。

6. 尋問メモの準備書面への活用

尋問準備メモは尋問後準備書面の構成に直ちに活用する。

2 胃ガン判定をめぐる裁判で「対質」（医療事故情報センター・センターニュース47号、1992年）

油井香代子（フリーライター）

1991年12月6日、胃ガン判定をめぐる医療過誤訴訟の第9回口頭弁論が、埼玉県浦和地裁で行われた。医療過誤裁判ではめずらしい「対質」という尋問方式がとられるということで、傍聴にでかけた。

原告は51歳の会社員とその子供たち。原告の妻（当時41歳）は、87年5月、夫が加入している健保組合の健康診断で、X線撮影による胃ガン検診を受けた。検診をしたのは埼玉県越谷市にある私立病院。担当医師（内科医）から「異常なし」と診断されたが、別の病院で1年5か月後に胃ガンと診断され、更に2か月後に死亡した。会社員は妻が死亡したのは、医師がX線の読影を誤り、ガンの早期発見、治療ができなかったためだとして、90年6月、約5000万円の損害賠償を求めて、浦和地裁に提訴していた。

原告代理人は鈴木利廣弁護士と渡辺彰悟弁護士。鈴木弁護士によると、これまでの口頭弁論では、出版健保の健康診断を担当している医師が原告側に立ち、「X線写真には早期胃癌ないし進行癌の疑いがある」という意見書を提出しているという。

裁判は午後1時31分に開廷した。裁判官の入廷に先立ち、この日の原告側証人のA医師・愛知県がんセンター内科医長と被告側証人B医師・東大医学部小児外科講師（被告病院側の院長の知り合いで、同病院の非常勤医師）の座る位置等を、双方の代理人と裁判所の書記官が相談していた。

最初に原告側の証人尋問が行われた。証拠として提出されている12枚26カットのX線写真を示しながらの証言となった。A医師は鈴木弁護士の質問に対し、「写真を最初に見た時に、12枚のうち異常がありそうだと思われるものが数枚あった。その後、改めてじっくり見たが、最初に見た時と所見は変わらなかった。また、同僚医師にも意見を求めた所、同じ意見だった。異常のない写真は（写っている線が）自然で、スムーズに規則正しく流れている。しかし、異常のある場合は、不規則、不自然な断裂がある。証拠の写真の数枚に不自然な断裂が見られる」と答えた。

シャーカステン上の証拠写真の一枚一枚を示し、A医師は証言を続けた。

「ここには陰影欠損、粘膜の断裂像が確認される」「粘膜のひだが途中で切れている。通常はつながっているので、これは不自然な像といっていい。他の写真でも同様な像が出てくる。総合的に見て、再検査の必要があると断定できる」「X線の透過度が落ちていることから、何か厚いものがあることを思わせる所見がある」「X線撮影中に胃は動くから、写真の形も違ってくるが、粘膜像、断裂像が繰り返し、同じ位置に現れる。このことは固定的に何かが存在することを表している」

そして、こう結論づけた。「総合的に写真から判断されることは、中心陥凹を有する隆起性のものが見られる」

また、1年5か月後に撮ったX線写真と検診時の写真を比較し、「胃角部対側の腫瘍が成長して、巨大な腫瘍となった。同じ部位の腫瘍が成長したといって間違いない」と、検診時のX線写真を見逃したことが、早期ガンの発見を遅らせ、がんを進行させてしまったと証言した。

鈴木弁護士の「(検診時の)写真結果から、どういった助言を(健康診断受診者に)与えるべきか?」という質問には、「すぐに内視鏡検査をすすめ、手術を前提とした全身チェックを受けさせる。胃ガンを疑うべきだからだ」そして、「早期ガンでリンパ節転移がない場合は、治療をすれば95%は治る」と明快に答えた。

さらに、「写真の読影難易度は?」との質問に対しては「医学部の教程を終えた者なら、判読できる。学生の臨床卒業試験の典型的な教材になる。これを臨床医が見逃したら、話にならない」と断定した。

被告側代理人の反対尋問は短かった。レントゲン写真を鑑定するようになったいきさつ、証拠写真の１枚は撮影時に背骨の圧迫によってできた像ではないかといった質問がなされた。それに対して、Ａ医師は、医療事故情報センターからの紹介であり、原告とは個人的になんの繋がりも無いこと、後者の質問に対しては「独立にひとつひとつの写真だけを見るのは、医学的に正確でない」ときっぱり否定した。また、がんセンターのような専門機関では、ガンを疑って再検査をすすめるが、民間病院の家族検診ではそこまでしないのではないかという質問には、「ガンを発見するための検査だから、当然やるべきだ」と答えた。

裁判官席中央の裁判長と左右の裁判官は、時折身を乗り出す様にして、２人のやりとりに聞き入っていた。特に、向かって左側の右陪席裁判官は個人的に興味があるのか、熱心に資料と写真を見比べながら聞いていた。

次に被告側の証人Ｂ医師が証言台に立った。彼は小児の肝臓、胆道系疾患が専門で、小児の臓器移植を研究しているという。小児のＸ線写真の読影をしているほか、大人のＸ線読影も時々行っている。

被告代理人の「12枚の写真を見た結論は、食道、胃に異常は指摘できないか？」という質問に「私は、指摘できなかった。内視鏡検査の必要はないという所見だ」と、写真を示しながら答えた。そして、「粘膜の断裂は、体側粘膜が折れ曲がったもので、異常なものではない。少なくとも不自然な断裂ではない。総合的に見て、異常は認められない」と断定した。

「自然な断裂と不自然な断裂とは？」という質問に対しては、こう答えている。「明らかに異常でない場合と明らかに異常な場合は、医師個々人の経験によって判断するしかない。これらの写真を最初に見た時には、ないと思った。次にもう一度良く見たら、これが断裂かなと思った程度だ。しかし、慎重に見たが異常はないし、医局の同僚4名に見てもらったが、結論は同じだった」とはっきり答えた。

さらに、A医師がバリウムの残存している影だと指摘した写真を示し、「胃角部対側の部分に一見潰瘍らしきものが見えるが、異常は指摘できない」と否定。また、陰影の欠損像を指摘した写真に関しても、「陰影の欠損像は、椎骨が重なっているので、区別が不可能だ。受診者は上を向いて寝ているから、胃の中に充満したバリウムが骨を押して、バリウムが両側にどけられたものが写ったのであって、欠損とはいえない」とこれも否定。「A医師が医師国家試験に出されるような写真だと言ったが、どう思うか？」に対しては、「そうは思わない。今はA医師の所見に承服できないが、2人でディスカッションしてみたいものだ」と答えた。

最後に、被告代理人がスキルスガンについて質問した。亡くなった主婦はスキルスガンではないかという含みのある質問だった。B医師は「胃の全体に広範に病変の起こるガンで、内視鏡検査でも見つかりにくい。30～40歳の女性に多く見つかり、手遅れになることが多い。発症から亡くなるまで1年だ」と、暗にこのガンの疑いが強いことを示唆した。

B医師の証言は断定的であった。ただし、論理的説明が不足している様な印象を受けた。写真を示して説明する時間が、断定的であるだけに短いのが、福島医師との違いだ。医学の素人なら、これだけハッキリした物言いをされると「そんなもんかな」と思うかもしれない。反対尋問で、原告代理人に、被告病院院長との関係を聞かれ、彼は院長の出身医科大学で助手をしていて、院長を指導したことがある。また、その病院に数年前から週1度仕事に行っている、と答えた。原告代理人との主なやりとりは次の様に続いた。
質問「Ａ医師が指摘した粘膜の断裂は、胃が折れ曲がってできたものだと言ったが、異常がないという判断はどうするのか？」
答え「断裂があるなら、もっとハッキリと写るはず。これは自然に曲がっていると判断した」
質問「陰影欠損か背骨かは、ハッキリ判断できないと言うが、何故背骨だと判断したのか」
答え「（陰影欠損とは）思わなかったからだ」
質問「粘膜の断裂に異常はないと意見書を書いたが、改めて異常があると思わないか？」
答え「断裂はあるが異常はない。２〜３枚の写真の粘膜の断裂は不自然かなとも感じるが、判断は難しい。明らかな異常とは言えない」
質問「胃角部対側に粘膜の異常な部分を認めないと言うが、胃が動いているにも関わらず、数枚の写真を見ても、同じ場所に断裂があるのではないか？」
答え「はい。胃の動きをブスコパンで止めて、撮影しているから、胃の動きと関係ない。もし薬で止めずに自然な状態で写したものなら、異常だと思う」
というように、断裂は胃の折れ曲がりでできた自然なもの、陰影欠損は背骨の圧迫によってできたものとの主張を固持していた。最後に、裁判官が「12枚の写真を見て、今でも内視鏡検査をすすめないか、他の医師に見せて意見を聞く必要はないか」と念を押すと、Ｂ医師は「はい」と一言一段と声をあげて答えた。
再度、Ａ医師が証人席に立った。鈴木弁護士がＢ医師の意見を聞いて、どう思うか質問すると、

「折れ曲がりであって異常でないと断定したが、検診の目的は早期発見だ。見落としを無くすためには、正常と断定することはできない。バリウムは流動性があるので、ブスコバンで止めても、体が動くので胃も動く。折れ曲がりの件も、胃の大弯側の折れ曲がり方は小弯側と比べて少ない。一定の折れ曲がりは考えられない。また、背骨による圧迫像とは断定できない。B医師はバリウムの残存を正常だとする一方、潰瘍の可能性も指摘した。再検査をすすめるのは医師としての義務だ」と、強調した。

裁判長は12枚の写真、スケッチの中から、最も病変のハッキリしたものを1～2枚選択させ、病変の程度を尋ねた。A医師は3枚の写真を選び「直径3センチ、厚さ1センチの隆起性の病変ありと推測できる。中央部には粘膜の断裂の先に、クレーター状に0・9～1・4センチの陥凹がある」と指摘した。

次にB医師に裁判長が質問した。写真を差し「欠損部分がぎざぎざになっていて、正常な欠損ではないという疑いがあるが、どう思うか?」と質問すると、B医師は「そうは思わない。よく見ると、スムースといわれる部分にもぎざぎざはある。正常なぎざぎざと異常なぎざぎざの区別は難しい」と答えた。裁判長は「(異常といわれている)ぎざぎざと正常なぎざぎざとは私が見ても程度が違うように見えるのだが」と納得できなそうに言った。

さらに、「ここ(裁判官席)から見ても、他の部分と比較して、問題の部分は相対的に白く見えるのだが……。(B医師に向かって)あなたはそうは見えませんか?」と聞いた。B医師は一瞬間をおいて、ちょっと考えてから「表面の粘膜の網目がないということです。透過度ということになれば、条件によって違ってきます。たとえば、この辺にも透過度の違った部分がある」と答えをはぐらかした。すると、裁判長はA医師に向かって、「問題の白く見える部分を指摘してください」と言い、A医師が一〇円玉大の白っぽいその部分を示すと、裁判官はもう一度、B医師に「白く見えませんか？他と比較してうすぼんやり写っていませんか？」と聞いた。「それは認めます」B医師はそういうと、あわてて「しかし、病変ではありません。こういう影は他にもありますから」と付け加えた。

裁判官は今度はA医師に向かって「あなたはこの写真を普通の医学部卒業程度の知識経験があれば、異常と疑うのは当然だ。見逃すようでは話にならないとハッキリ言ったが、B医師の証言を聞いて考えは変わったか？」と質問した。「変わりません」A医師はきっぱりと答え、尋問を締め括った。両者への尋問は全て終わった。

最後に被告代理人が、「2人の証人は真っ向から対立しているので、今後はレントゲンの読影水準が争点になる。ハッキリ対立しているので、鑑定の申立てをしたい」と要望し、閉廷した。

約2時間半にわたる裁判は、2人の医師が同時に入廷して、時には一緒に並んで証言するという形をとったせいか、なかなかの迫力であった。医療裁判の傍聴は初体験という私も、思わず引き込まれるほどであった。傍聴している方は面白かったが、証人になった2人と代理人達は相当疲れたようだった。かなりの緊張を強いられたのだと思う。

断続的な両方の証人の言い分は、平行線をたどっていたが、私の印象では論理性という点では、原告側が圧倒的に有利。被告側は何故そうなるのかといった説明に、言葉は明快だが、飛躍が見られた。見えないから見えないのだという主観的発言が多かったように思う。其に対し、原告側証人の説明は、データもハッキリしていて、緻密、客観性があるものだった。別に原告側の代理人と証人を知っているからそう思ったのではない。両者に中立な立場で傍聴しても、同様の感想を持ったと思う。

裁判とは直接関係ないが、被告側証人の顔が、尋問が進むに連れ次第に紅潮してきたのが印象に残った。もっとも、当日の法廷の暖房がききすぎていて暑かったせいなのかもしれない。

一方の原告側証人は終始冷静沈着。裁判官が証人の顔色や態度を加味して、判断を下すかどうかはわからないが（鈴木弁護士の話では、それは大いに影響するのだそうだ）、この両者の態度を裁判官はどう見るのだろうか。ただし、声の点では被告側証人は大きくてよく聞こえた（被告側証人の声が一段と高まるのは、常に「異常は認められません」という部分だった）が、原告側証人は書記に声が聞き取れないことが何度かあって、聞き返されたこともあった。

「対質」という尋問形式は、傍聴する側からすれば、双方の主張の違いが明確になって、たいへん分かりやすい。相手の主張と違う点をその場で問いただすことができ、何が争点になっているかも、浮きぼりにされる。裁判官も疑問点を両者に聞くことができる。この形式は珍しいということだが、非常に効率的な方法だと思う。頻繁に採用されないのは、何故なのだろうか。そんな疑問を感じた。

この裁判の模様は、9日後の朝日新聞朝刊で全国に報道された。「胃ガン判定で平行線、原告、被告側証人の医師、X線読影で証言対立」という見出しで報じられ、「対質」にも触れられていた。また、年明けの「週刊ポスト」も、この新聞記事に触発されて、特集で取り上げている。担当編集者とたまたま懇意だったため、取り上げた意図を聞いてみた。「健康診断でガンの早期発見ができるものと信じて疑わなかったのに、こんな見落としがあるのを知ってショックを受けた。検診があてにならないとしたら、我々は一体どうしたらいいんだろう。」担当編集者は深刻な声でこういった。ガンの早期発見のためには、どういうシステムがもっとも望ましいのか、彼に誰か教えてやってほしい。

（監修　鈴木利廣弁護士）

V　鑑定

鑑定とりわけ医療事故訴訟においては、少なからず問題点があります。①鑑定採否基準 ②鑑定人への情報提供 ③鑑定方法 ④補充鑑定 ⑤鑑定結果の評価基準等です。これらの捉え方次第で鑑定率や審理期間へ反映されることになります。

1　鑑定採否基準

鑑定は、集中証拠調べで心証形成に至らなかった事案について、補充的証拠調べとして行われるのが原則で、この場合に当事者からの申請がない場合には裁判所から申請を促すことにもなります。

医療事故訴訟においては、例外的に請求棄却心証で原告側から申請された場合にこれを認める裁判官もおられます。敗者復活戦保障説です。そのほかに当事者の申請があれば全例認める一審審理充実化説もあります。

2　鑑定人の選定方法

全国の地裁に医療部が創設されてから、鑑定人候補者の選定方法についての意見交換がなされ、医療部では所在の都道府県や近隣地域の大学医学部からの推薦により、それ以外の地裁で鑑定人選びが困難な場合には最高裁の医事関係訴訟委員会鑑定人等候補者選定分科会からの推薦により、候補者を選定するようになりました（「医事関係訴訟委員会について」裁判所ウェブサイト参照）。

3　鑑定人への情報提供

鑑定人へどのような情報提供を行うのかについては、①鑑定事項の立て方 ②鑑定資料の選び方の問題があります。

かつては、鑑定資料として訴訟記録写を一括して送付し、「被告の医療行為に過失ありや」等という鑑定事項もあったようです。

現在では、とりわけ現行民訴法時代の医療部においては、鑑定資料としては診療経過一覧表を基本として、鑑定事項も法的評価ではなく医学的評価を求める方式になっているようです。

２００２年に医療側・患者側専門弁護士で構成された「医療訴訟研究会」が作成した「鑑定人になられる方のために（案）」（**資料５**1）をご参照ください。この書面はその後、最高裁民事局作成のパンフレットに反映されました。

4　鑑定方法

鑑定方法には大別して一人鑑定と複数人鑑定があります。一人鑑定には従来型の書面鑑定と鑑定人質問を活用した口頭鑑定があります。複数鑑定にも書面型、アンケート型、カンファレンス型があります。

口頭鑑定については当事者の攻撃防御権保障の観点からの疑問が、アンケート鑑定については評価が多数決型になる危惧からの疑問が、カンファレンス鑑定については鑑定意見についての医学的根拠が示されず鑑定における科学性からの疑問が、それぞれ呈されています。

千葉地裁医療集中部では複数かつ書面鑑定が、東京地裁医療集中部ではカンファレンス鑑定が採用されています。

5　補充鑑定

現在の医療部では、鑑定人の負担を考えて補充鑑定は原則行わず、行う場合にも書面にて補充鑑定を求めることが原則になっているようです。

鑑定人「尋問」が2003年民訴法改正で「質問」に改正されたのも、鑑定意見が不利益な当事者代理人からの礼を失する尋問が行われ、鑑定人が不快に感じたことから、裁判所による質問を優先する形にすべきとして改正されたとされています。鑑定人が不快に感じた実情については、実際のところ、当事者からの不快な尋問について裁判所がこれを制止しないことに鑑定人が苛立ちを感じたというところが真相のようです。

6　鑑定評価基準

⑴　判決例

医学的評価であるところの鑑定結果を法的評価に置き換えた下級審判決に対し、最高裁が破棄した事案が下記のように５つあります。

(ア)　最判平成９・２・25（民集51巻２号502頁、判タ936号182頁）――顆粒球減少症事件判決

ネオマイゾーン投与とその後発症した顆粒球減少症との因果関係と開業医の転院義務について鑑定意見を根拠にこれを拒否した原判決を破棄。「本件鑑定は、Ｂの（患者）病状のすべてを合理的に説明し得ているものではなく、経験科学に属する医学の分野における１つの仮説を述べたにとどまり、医学研究の見地からはともかく、訴訟上の証明の見地からみれば、起因剤及び発症日を認定する際の決定的な証拠資料ということはできない」「本件鑑定のみに依拠して……した原審認定は、経験則に違反したもの」

(イ)　最判平成11・３・23（判タ1003号158頁）――脳神経減圧術事件判決

脳外科手術と術後に発症した脳内血腫との因果関係を鑑定意見を根拠に否定した原判決を破棄。「診療録中の記載内容等からうかがわれる事実に符合していない上、鑑定事項に比べ鑑定書はわずか１頁に結論のみ記載したものでその内容は極めて乏しい」「客観的資料を評価検討した過程が何ら記されておらず、その体裁からは、これら客観的資料を精査した上での鑑定かどうか疑いがもたれないではない」「過大に評価することはできない」

(ウ)　最判平成13・11・16（判例集未登載）――腹部大動脈瘤破裂事件判決

「本件鑑定には、急性心筋虚血のみが原因である心不全という可能性が、腹部大動脈りゅうの破裂等による失血があったことを前提とする可能性に比してどの程度考えられるかについて具体的記載はなく、また、前記の事情をいかに評価するのか、腹部大動脈りゅうの破裂等による失血の可能性を否

定し得る根拠は何かについても、具体的言及がないのである。」「原審は、医学的には前記のいずれであるかを特定することはできないというにとどまり、それぞれの可能性を否定していない本件鑑定の結論部分に依拠し、宗一郎の死因として前記のうちいずれの可能性が高いかを検討することなく、宗一郎の死因が腹部大動脈りゅうの破裂による心不全であるとする上告人らの主張を認めるに足りないと判断したものであり、前記の原審の判断には、経験則違反、審理不尽の違法があるといわざるを得ない。」

(エ)　最判平成18・1・27（判タ1205号146頁）――MRSA事件判決

「O鑑定書、I意見書及びL意見書に基づいて……バンコマイシンを投与しなかったことに過失があるということはできないとした原審の判断は、経験則又は採証法則に反するものといわざるを得ない。」（鑑定書および意見書の評価の誤りを指摘している）

(オ)　最判平成18・11・14（判タ1230号88頁）――ポリープ摘出術後出血性ショック事件判決

「前記確定事実によれば、Bは、5月2日早朝に初めて多量の出血があったのではなく、4月29日から既に出血傾向にあったのであるから、5月2日早朝までに輸血を追加して、Bの全身状態を少しでも改善しながら、その出血原因への対応手段を執っていれば、Bがショック状態になることはなく、死亡の事態は避けられたとみる余地が十分にあると考えられ、G意見書……は、相当の合理性を有することを否定できないのであり、むしろ、E意見書……の方に疑問があるというべきである。それにもかかわらず、原審は、G意見書とE意見書の各内容を十分に比較検討する手続を執ることなく、E意見書……をそのまま採用して、上記因果関係を否定したものではないかと考えられる。このような原審の判断は、採証法則に違反するものといわざるを得ない。」

(2)　医療訴訟における鑑定評価

この点については筆者が２００１年にマニュアル化した「医療過誤訴訟における鑑定結果の評価について」（**資料5**２）をご参照ください。

ここでは鑑定評価の問題点として中立性と信頼性および裁判官の鑑定依存傾向について述べ、鑑定評価基準として誠実性、論理性および科学性について述べています。

資料5

[1] 鑑定人になられる方のために（案）

2002年
医療訴訟研究会

1　医療訴訟の目的

この医療訴訟は、原告・患者側（患者・家族・遺族）が被告・医療側（医療機関・医療従事者）に対して、医療ミスや不十分な説明によって発生した損害を金銭で賠償することを求めて起された「民事訴訟」です。

＊　民事訴訟と刑事処罰：

この医療訴訟は民事訴訟ですから、医療機関・医療従事者の刑事処罰（罰金や禁錮、懲役など）を目的とするものではなく、刑事処罰とは無関係です。

＊　民事訴訟と行政処分：
この医療訴訟は民事訴訟ですから、医療機関の医療法上の処分（医療機関の閉鎖命令など）や、医療従事者の免許の取消などの行政処分とは無関係です。

＊　損害賠償訴訟：
この医療訴訟は、民事訴訟のいろいろな種類のうち、金銭で損害の賠償を求める損害賠償訴訟に分類されます。わが国の法律では、過失責任、つまり、過失がなければ損害賠償責任を負わない、という考え方がとられています。「結果が悪いので責任を負う」というような考え方も、「一生懸命やったので責任を負わない」というような考え方も、いずれも法律的には正しくありません。

＊　過失・因果関係：
医療ミスや不十分な説明などについて、法律的な落ち度があることを「過失」といいます。また、その「過失」が原因となって「損害」という結果が発生したとき、「過失」と「損害」の間に「因果関係」がある、といいます。

どんな場合に法律上の「過失」があるといえるのか、どんな場合に法律上の「因果関係」があるといえるのか、ということは、裁判官が事実と法律に基づき、過去の判例や鑑定人の医学的意見などを参考にしながら、ひとつひとつ、事件ごとに判断していくことになっています。「過失」も「因果関係」も法律的な総合判断ですので、医学専門家である鑑定人に、「過失」や「因果関係」の有無を直接判断していただくことはありません。鑑定人の仕事は、２でご説明するとおり、裁判官の判断の資料を提供していただくことです。

＊　証拠裁判主義

裁判は証拠に基づいてしなければなりません。これを「証拠裁判主義」といいます。鑑定人に書いていただく「鑑定書」や鑑定書に添付された文献などは、裁判の根拠である「証拠」になります。裁判官には、“evidence-based approach”をとることが法律による義務とされています。

2　鑑定人の仕事——鑑定書

鑑定人の仕事は、鑑定事項（裁判所が鑑定人に対して回答を依頼した質問）に対する回答を鑑定書に書いて裁判所に提出していただくことです。また、事案によっては鑑定書を提出いただいた後、さらに補充鑑定書の作成をお願いしたり、当事者からの質問に対して口頭又は書面でご回答をお願いするというように、鑑定書の内容の補充説明をしていただくことがあります。

2—1　鑑定人の回答に使う資料

2—1—1　裁判所の提供する資料を使用してください

鑑定人の回答のための資料となるものは、原則として、裁判所から提供させていただきます。医学文献は、裁判所から提供しなかったものを回答のための資料として使用してもかまいませんが、その場合は、出典を明らかにした上で、鑑定書に文献の写しを添付してください。

原告・患者側（患者・家族・遺族）や被告・医療側（医療機関・医療従事者）から直接資料を受け取ったり、事情聴取をしたりしないでください。資料に不足があって回答ができない場合は、まず裁判所にご相談ください。その資料の範囲内で可能な限りの回答をしていただくか、追加資料を差し上げるか、裁判所が検討いたします。

2―1―2　裁判所の提供する資料の種類

事件によって多少の相違はありますが、裁判所から鑑定人の回答のために提供させていただいている資料には、次のようなものがあります。

(i)　当事者の主張

原告が裁判所に提出した訴状と原告準備書面、被告が裁判所に提出した答弁書と被告準備書面には、原告や被告の主張（言い分）が記載されています。

主張（言い分）自体は証拠ではありませんし、根拠（証拠）もなしにどちらかの言い分を証拠として取り扱ったり事実として取り扱ったりしてはいけません。

(ii)　争点整理表

原告と被告が書面をやりとりして論争を続け、裁判所の訴訟指揮によって整理を続けた結果は、「争点整理表」という書類になります。

この書類には、次の３つの項目についての裁判所の見解が書かれています。

・争いのない事実（当事者間で争いのない事実は、民事訴訟では、原則として「事実」として取り扱われます）
・争点（原告と被告の間で論争が行われてきたポイント）
・当事者の主張（原告と被告のそれぞれが、争点についてどのように主張しているかを裁判所が整理したもの）

鑑定事項の質問も、この争点整理表に基づいて作られることが一般的です。また、裁判所は、争点整理表を読めば訴訟の全体像がみわたせる、ということを目標にして、争点整理表を作るよう努力しています。

裁判所が、争点整理表の作成に鑑定人の助力が必要だと判断した場合には、争点整理表の作成の段階から意見を言っていただくように求めることもあります。

裁判所から提供された争点整理表自体に問題があると鑑定人が判断した場合には、そのことを踏まえてどうすべきか裁判所が検討いたしますので、裁判所にお問い合わせください。

(iii) 診療経過一覧表

診療経過一覧表は争点整理表の補助資料として作成されることがあります。

医療記録を鑑定人に見ていただいても、診療経過を時系列に沿って整理するのが必ずしも容易でないこともあります。また、裁判所、原告、被告及び鑑定人が、診療経過について共通の認識をもたないと、その後の議論がかみ合わなくなるおそれもあります。

こういった混乱を避けるために、裁判所と原告・被告が協力して、あらかじめ診療経過一覧表をまとめて鑑定人の資料としていただくことがあります。裁判所から提供された診療経過一覧表自体に問題があると鑑定人が判断した場合には、そのことを踏まえてどうすべきか裁判所が検討いたしますので、裁判所にお問い合わせください。

(iv) 当事者の提出した証拠

一般に、原告が提出した証拠を甲第1号証、甲第2号証……など、甲号証といいます。被告が提出した証拠を乙第1号証、乙第2号証……など、乙号証といいます。

この中には、

・診療録、診断書、画像フィルム、モニター記録用紙などの医療記録
・原告・被告それぞれが主張の根拠として引用した医学文献
・原告や被告の一方が医師の意見を書いてもらった意見書（「意見書」「鑑定書」「鑑定意見書」などさまざまな標題がつけられることがありますが、これらは、法律上は鑑定書ではなく、原告や被告が、裁判所とは無関係に私的に用意した「意見書」として取り扱われます）

などの医学的資料と、それ以外のさまざまな証拠が含まれます。

(v)　尋問調書

証人尋問や原告被告の尋問の結果は、速記官が速記を取ったり、書記官がまとめをつくったりして、尋問調書として整理されます。この尋問調書も裁判所から鑑定人に資料として送付されます。

2―2　鑑定人の回答の仕方

鑑定人は、鑑定事項の質問に対する判断とその根拠を、鑑定書に整理して記載してください。

2―2―1　鑑定人の回答の役割

鑑定人の回答の役割は、大きく分けてふたつあります。

(i)　医学的判断とその根拠

鑑定事項の質問は、原告と被告との間で見解が分かれて論争になったポイントすなわち争点について、医学的な判断を求めるものです。質問にわかりやすく端的に答えていただくこと、さらに、医学的な判断の根拠を明示していただくことが、よい裁判をするために必要です。

(ii)　医学的根拠の前提となる医学知識の説明

医学的判断について、どういう医学的な根拠があるのか、裁判所や原告・被告にもわかりやすく説明していただきたいですし、それを理解するための前提となる医学知識について、懇切丁寧な解説をつけていただくことが、(i)と同じく重要です。

(i)(ii)のいずれについても、裁判所の提供した資料で足りない部分を補うために必要がある場合には、医学文献を添付していただくことが望ましいです。

２―２―２　鑑定人の回答が困難になる原因

鑑定人の回答が困難になる原因には、以下に述べるようないくつかのパターンがあります。以下の例に限らず、問題点は、裁判所と鑑定人が手を携えて解決するようにしたいと考えています。

(i)　回答をする前提となる事実が明らかでない場合

診療経過中の事実が明らかでないために、回答が困難になる場合があります。

診療録に書いてないことは全て事実でないとか、診療録に書いてあることが全て事実であるとか、法律的にはいずれも正しくありません。

診療経過中の事実が明らかでない場合は、

・どういうことが考えられるか、他の資料から推論していただき、推論の根拠を詳しく説明していただく

・複数の可能性がある場合には、それぞれの可能性について、どのくらいの確からしさ（蓋然性）でそのような事実が起こり得るかを場合分けして説明していただく

・事実を明らかにするために他の資料がどうしても必要であり、かつ入手可能であれば、裁判所にご相談いただく

などの対応をしてください。

(ii)　質問の内容が法律的な内容を含む場合

「過失」「因果関係」「医療水準」などの言葉が裁判で使われる場合には、日常用語と異なり、法律用語としての特別の意味をもっています。

すでに述べたとおり、鑑定人には、(i)医学的判断とその根拠、(ii)医学的根拠の前提となる医学知識の説明、のふたつを、懇切丁寧に記載していただくことを、裁判所として希望しています。従って質問の内容が法律的内容を含むと考えられるために回答が困難と感じられた場合は、裁判所にご相談下さい。

(iii)　質問が医学的見地から回答しにくい場合

ＹｅｓかＮｏかで答えにくい場合、％を言えといわれても答えにくい場合、蓋然性が高いか低いかといわれても答えにくい場合など、医学的な知識と法律的な要求の間に乖離があって、鑑定人が答えにくい場合も多々あるかと思います。このような場合には、鑑定事項の質問の意図するところを汲み取っていただき、可能な限り、(i)医学的判断とその根拠、(ii)医学的根拠の前提となる医学知識の説明、のふたつを、懇切丁寧に記載していただくように裁判所として希望しています。

(iv)　鑑定人が自分だけでは回答を出せない場合

この場合には裁判所にご相談ください。他の専門家の意見を参考にして回答をまとめていただいて

もかまいませんが、その場合は誰に意見を求めたのか明記してください。

以上

２００１・10作成

2 医療過誤訴訟における鑑定結果の評価について

1．医療訴訟における鑑定評価をめぐる問題点

(1) 鑑定人の中立性と信頼性

当事者の依頼による私的鑑定意見（書証、証人尋問）にくらべ、裁判所選任の鑑定人による鑑定結果は、その選任手続自体によって中立公正であると考えられがちである。しかし、医療訴訟においては、医学界の封建的体質から、しばしば鑑定人によって同業者である被告をかばった鑑定がなされることが指摘されてきた。現に平成11年秋に行われた8高裁管内の鑑定人等協議会では医学界から鑑定人に何らかのプレッシャーがかかり、中立公正な鑑定をすることの困難さも指摘されている。

他方、私的鑑定意見については当事者の依頼によることや、書証の場合は鑑定と異なり宣誓手続がないこともあって、中立性、信頼性の担保がないので証拠性に乏しいとの意見もある。

しかし、医療訴訟の鑑定においては、かかる選任手続から中立性や信頼性を推察することは困難で

ある。私的鑑定書も被告から提出されるものは信頼性に疑問なしと言い切れないが、原告から提出されるものは作成者も医学界からの非難を覚悟して提出しており、当事者からの依頼ゆえに中立性、信頼性に乏しいとは言い切れない。

要は、鑑定意見の内容こそが検討されなければならないのである（この意味で私的鑑定意見も経歴を明らかにして尋問手続を経由する等して、その内容を検証して信頼性を判断することが必要である）。

(2)　裁判官の鑑定依存傾向

a　近年医療過誤訴訟において、最高裁の破棄判決が相次いでいる。平成７年からの７年間で一一件もの破棄判決（平成12年の２件、平成13年の３件は判例集未登載）が言渡され、そのすべてが原告患者側の請求を棄却した原判決に対してのもので、高等裁判所がなした事実認定や医療機関の過失のとらえ方を批判している。このような現象はかつてなかったことで、戦後の医療裁判史をみても、かかる破棄判決は最判昭和50・10・24の東大ルンバール事件（民集29巻９号１４１７頁）しかない（なお、純粋な医療過誤訴訟とはいい切れないが、その他には予防接種国賠訴訟についての最判平成３・４・19判タ７５８号１１８頁がある）。

ここで注目すべきは、破棄された原判決の多くが破棄理由を鑑定意見に依拠していることである。例えば、最判平成８年１月23日（判時１５７１―57）は、麻酔薬の使用についてて添付文書の記載に反した血圧測定の仕方を免責した原判決を破棄したものであるが、原判決の主たる根拠が鑑定意見であることは可部裁判長の補足意見で明らかである。

最判平成９年２月25日（判時１５９８―70）は、ネオマイゾーンという薬剤と投与後に発病した顆粒球減少症との因果関係及びと開業医の転医義務について、鑑定意見を根拠にこれらをいづれも否定した原判決を破棄したものであるが、判決は因果関係について「本件鑑定のみに依拠して」なした「原審認定は経験則に違反したもの」とした。

最判平成11年3月23日（判時1677―54）は、脳外科手術後に発症した脳内血腫の事案について、手術と血腫発生との因果関係を鑑定意見を根拠に否定した原判決に対し、「鑑定は……客観的資料を評価検討した過程が何ら記されておらず、……過大に評価することはできない」とした。

最判平成13年11月16日（判例集未登載）も「本件鑑定の結論に依拠した原審の判断には違法がある」としている。

これら最高裁破棄判決が、鑑定意見に過度に影響されて誤った事実認定論や責任論を展開している下級審裁判所に対し、繰り返し警告を発していると理解する必要がある。

すなわち鑑定意見に対しては、結論にのみ目を奪われることなく、その理由、根拠について充分な吟味、検討が必要であるということである。

b　渡辺千原氏（立命館大学法学部助教授）は「医事鑑定の語るもの」（「法の言説分析」ミネルヴァ書房2001年）の中で、医療訴訟判決のうち83％（54件中45件）が「ほぼ鑑定結果を尊重した判決」（鑑定受容型）であるとし、その余の13％（7件）も部分的に排斥する取捨型ではあるが結論は鑑定書に依拠した判決が多いとし、いわゆる鑑定排斥型はなかったとしている（残りの4％2件は関連性が不明とする）。

c　以上のことは、裁判官が鑑定に依存して判決書を作成している例が少なくないことを物語っている。医療訴訟は裁判官にとって専門的で審理が長期に渡ることから心証形成が困難であり、いきおい鑑定に判決の結論を委ねる傾向が出ている。本来であれば鑑定は専門的知識の補充にすぎなく、医療訴訟においては、文献書証、被告側医師や前医・後医の尋問、私的鑑定意見等鑑定以外にも専門的知識の補充方法があるが、裁判官はこれらの検討が不充分なまま鑑定に結論を依存したがる傾向がある。

このような傾向に対する批判もうけながら、東京地裁医療訴訟集中部では「鑑定に寄りかかる裁判からの脱却」（民事第30部福田裁判官の東京弁護士会における講演レジメから）を始めている。

2. 鑑定評価基準

それでは、鑑定結果の信頼性はどのような基準で判断すべきであろうか。以下3つの判断基準（誠実性、論理性、科学性）を示すこととする。

(1) 誠実性

鑑定人は、誠実に鑑定することを宣誓している（民訴規則131条①）。その意味するところは広範であるが、まずもって与えられた資料を充分に検討することが求められ、鑑定書からそのことがうかがわれるか否かが検討されるべきである。そして鑑定結果の内容も充実したものである必要があろう。この点、前述最判平成11年3月23日では、「客観的資料を評価検討した過程が何ら記されておらず、その体裁からは、これら客観的資料を精査した上での鑑定かどうか疑いがもたれないではない」として鑑定意見を排斥している。

また、当事者の一方に偏している意見と見られる形跡があるか否かも誠実性判断にとって重要である。

(2)　論理性

鑑定結果は鑑定（質問）事項に回答し（しばしば質問に対する回答を回避している鑑定がみうけられる）、その結論を支える理由が示されて初めて論理的なものといえる。

そのためには、鑑定（質問）事項に対応した鑑定結果（回答）になっているか、理由は付されているか、結論と理由に齟齬はないか、理由は論理的整合性があるか等が検討されなければならない。

この点、前述最判平成11年３月23日では、「鑑定は、診療録中の記載内容等からうかがわれる事実に符号していない上、鑑定事項に比べ鑑定書はわずか１頁に結論のみ記載したもので、内容は極めて乏しい」と鑑定意見を批判している。

(3)　科学性

医療訴訟における鑑定は医学的事項が問われている。そして鑑定人は、その医学的専門分野における特別の学識経験者である。従って、鑑定結果（結論）と理由には科学性（科学的根拠）が求められる。合理的な科学的根拠が示されているか否かで鑑定結果の信頼性は大きく分かれる。鑑定意見の中にはしばしば科学的根拠を無視した自己の経験のみに基づく経験主義的意見が見られる。科学的根拠には、出来れば医学文献の引用も必要である。

この点、前述最判平成９年２月25日では、「本件鑑定は、スエ子の病状のすべてを合理的に説明し得ているものではなく、経験科学に属する医学の分野における１つの仮説を述べたにとどまり、医学研究の見地からはともかく、訴訟上の証明の見地からみれば起因剤及び発症日を認定する際の決定的な証拠資料ということはできない」と述べて、鑑定意見を排斥している。

なお合わせて鑑定結果と矛盾する私的鑑定意見が提出されている場合には、私的鑑定意見と比べてどちらが科学性に優れているかを裁判所が検証判断しなければならないといえる。

(4)　まとめ

以上のような点から鑑定意見を評価し、信頼性に乏しければこれを排斥し、あるいは取捨して一部のみを採用し、信頼性があると判断すればこれを採用することになる。

鑑定結果と矛盾する私的鑑定意見が提出されている場合には、私的鑑定意見と比べて、どちらが誠実性、論理性、科学性に優れているかを裁判所が検討して信頼性を判断しなければならないといえる。

そして信頼性の乏しい鑑定に依拠してなした判決には経験則ないし採証法則違背があることとなる。

Ⅵ　和解、判決、上訴

1　和解

ある時期から筆者は訴訟においては一審和解を目指して訴訟活動を行うようになりました。三審制の制度的保障から上訴についての当事者の権利を軽視するつもりはありません。

裁判上の和解において、裁判所の和解勧告の時期については

① 争点と証拠の整理手続終了後集中証拠調べ前の段階
② 集中証拠調終了の段階
③ 鑑定手続終了後結審前

――がありえます。

旧民訴法時代には証拠調べ終了後や鑑定終了後が大半だったと思われますが、現行民訴法時代では争点と証拠の整理手続終了後が増えているようです。

２０２１年の最高裁統計によると医療事故訴訟の和解による解決率は52・５％（判決率32・６％）とされています。なお２０２０年度の人証調べ実施率は約22％とされています。この統計からも、和解の多くは争点と証拠の整理手続終了後に成立していると推測できます。

判決の請求認容率は２０００年代後半から下降傾向にあり、現状では約20％程度のようです。

また和解には内容的に認容型、棄却型、玉虫色型があります。

医療事故訴訟では被告側から①和解内容についての正当な理由なき公表の禁止②刑事処分・行政処分を求めない合意、が求められることがあります。

薬害エイズ事件では、東京地裁の担当裁判長のリーダーシップによって、当事者との充実した協議、結審前後を通じた水面下での被告国への粘り強い説得、大阪地裁との協議、大阪地裁との同日和解勧告所見、和解協議（終盤では東京大阪両地裁同席協議）、原告と被告責任者の直接面談などが実践されてきました。私たち原告弁護団はこれに対応するだけでなく、解決に向けた社会的な運動を支援者とともに行いました。結審から1年間という期間でしたが、振り返ってみて充実した活動でした。

薬害肝炎事件では5地裁の連携もできず、5判決になりましたが、大阪高裁の司法限界説的所見もあり、5判決直後の社会的運動で、5つ目の判決から約4ヶ月で訴訟外基本合意と訴訟上の和解に至りました。

さて、和解条項ですが、損害賠償訴訟ではありますが、被害の回復・救済と再発防止を目的に提起した訴訟であることからすると、金銭的賠償以外に①法的責任の受け入れに基づく謝罪②原因分析・再発防止策の実施と報告が必要であり、被告国に対しては制度改善やその後の定期協議をも要求することになります。

2　判決

判決の長所としては、勝訴判決では既判力・執行力・形成力等の法的効力が生じることであり、報道を介しての社会的効果や先例的影響力もあります。他方、短所としては上訴による訴訟の長期化等が指摘できます。

3　上訴

上訴には控訴と上告（上告受理申立てを含む）があります。

控訴は続審手続で、控訴理由には上告・上告受理申立てと異なり法律上の制限がありません。

一審判決の理由傾向としては、請求認容判決に比べ請求棄却判決は中身が薄い傾向にあります。

控訴にあたっては控訴審における証拠申請と原判決破棄の可能性の検討と依頼人への説明を控訴期限の2週間以内で行う必要があり、かなりの困難が伴いますが、医療事故訴訟の上訴率は約60％と高いです。

なお、上訴期限内の上訴をうっかり怠っての弁護士懲戒例も少なくないので、筆者は上訴期限2日前までに上訴手続を終えるようにしています。

他方上告については、上告理由について制限があり、憲法違反および理由の不備・食い違いが主なものです（民訴法312条1項・2項6号）。最高裁判例との相反等重要な法令解釈事項を含むものについては上告受理申立てとなっています（民訴訟318条）。

上告受理申立てについては最高裁の裁量的受理（民訴法318条）であり、職権的破棄（民訴法325条2項）もありえます。

Ⅶ　まとめ

以上、民事訴訟手続について解説してきましたが、民事訴訟手続が真の紛争解決手続として役立っているのかが問われているようにも思います。

人権運動の目的である被害の回復・救済と再発防止から考えると、司法の役割はまずもって法的責任の明確化ということになります。

紛争解決方法としては判決という金銭支払のみの強制力よりは、修復的正義論に基づき対話による解決、和解こそが望ましいと考えます。

そのためにはまずは当事者間の交渉やＡＤＲ（裁判外紛争解決システム）を介しても解決困難な場合に訴訟へ移行することになりますが、訴訟においても対話による最終解決を目指すべきと考えます。訴訟手続による和解さらには訴訟外の合意形成もありうるわけです。近年和解率は少しずつではありますが向上しているようです。

医療事故事案では、平成７年（１９９５年）から平成28年（２０１６年）までの22年間で最高裁破棄判決が29件（うち２００６年までの22件は高裁棄却判決の破棄、２００７年以降の６件は高裁認容判決の破棄）もあることからすれば、医療事故紛争解決への司法の役割（特に下級審での解決）が充分に発揮されていなかったともいいうるのではないでしょうか。

これら29件の最高裁破棄判決は**資料6**のとおりです。

資料6

医療過誤：最判破棄一覧

※　平成7年以降
※　㉓㉔㉖㉗㉘㉙を除き、すべて患者側逆転勝訴

① 最三小判平成7・5・30（判タ897号64頁）
新生児核黄疸、退院時の説明・指導義務

② 最二小判平成7・6・9（民集49巻6号1499頁、判タ883号92頁）
未熟児網膜症、医療水準

③ 最三小判平成8・1・23（民集50巻1号1頁、判タ914号106頁）
腰椎麻酔ショック、医薬品の添付文書の記載と過失、慣行否定、鑑定に問題あり

④ 最三小判平成9・2・25（民集51巻2号502頁、判タ936号182頁）
顆粒球減少症、鑑定と裁判上の証明（認定）、開業医の注意義務

⑤　最一小判平成11・2・25（民集53巻2号235頁、判タ997号159頁）
肝癌、医師の不作為と因果関係

⑥　最三小判平成11・3・23（判タ1003号158頁）
脳神経減圧術、手技ミス（過失・因果関係）の認定、鑑定に問題あり

⑦　最一小判平成12・9・7（判例集未登載）
脳梗塞、不作為と損害（後遺障害）との因果関係

⑧　最二小判平成13・2・16（判例集未登載）
急性虫垂炎、重篤な結果を予見すべき時期の判断、鑑定に問題あり

⑨　最三小判平成13・3・13（民集55巻2号328頁、判タ1059号59頁）
交通事故との競合（自判）

⑩　最二小判平成13・6・8（判タ1073号145頁）
細菌感染症、細菌検査を予見し得べき時期

⑪　最二小判平成13・11・16（判例集未登載）
腹部大動脈瘤破裂、死因の説明、鑑定に問題あり

⑫　最三小判平成13・11・27（民集55巻６号１１５４頁、判タ１０７９号１９８頁）
乳癌、説明義務

⑬　最二小判平成14・11・８（判タ１１１１号１３５頁）
ＳＪＳ（スチーブンスン・ジョンソン症候群）

⑭　最三小判平成15・11・11（民集57巻10号１４６６頁、判タ１１４０号86頁）
急性脳症、転送義務、結果回避の相当程度の可能性と慰謝料

⑮　最二小判平成15・11・14（判タ１１４１号１４３頁）
食道癌、気道確保義務

⑯　最一小判平成16・１・15（判タ１１４７号１５２頁）
スキルス胃癌、相当程度の可能性

⑰　最三小判平成16・9・7（判タ1169号158頁）
抗生剤ショック、経過観察

⑱　最一小判平成17・9・8（判タ1192号249頁）
経膣分娩か帝王切開か、説明義務

⑲　最二小判平成18・1・27（判タ1205号146頁）
MRSA、鑑定に問題あり

⑳　最三小判平成18・4・18（判タ1210号67頁）
冠状動脈バイパス手術後の腸管壊死

㉑　最二小判平成18・10・27（判タ1225号220頁）
未破裂脳動脈瘤コイル塞栓術、説明義務

㉒　最三小判平成18・11・14（判タ1230号88頁）
ポリープ摘出術後出血性ショック、鑑定意見書評価

㉓　最三小判平成19・４・３（判タ１２４０号１７６頁）
精神科吐物誤えん窒息死（認容判決の破棄）

㉔　最一小判平成20・４・24（民集62巻５号１１７８頁、判タ１２７１号86頁）
心臓手術死、チーム医療総括責任者の説明義務（認容判決の破棄）

㉕　最二小判平成21・３・27（判タ１２９４号70頁）
骨折手術中の麻酔事故死、過失と因果関係

㉖　最三小判平成22・１・26（民集64巻１号２１９頁、判タ１３１７号１０９頁）
身体拘束（認容判決の破棄）

㉗　最二小判平成23・２・25（判タ１３４４号１１０頁）
骨折手術後の後遺症、期待権侵害（認容判決の破棄）

㉘　最三小判平成23・４・26（判タ１３４８号92頁）
精神科診療後のＰＴＳＤ、因果関係（認容判決の破棄）

㉙　最一小判平成28・4・21（民集70巻4号1029頁、判タ1425号122頁）
拘置所カテーテル挿入による鼻腔出血、安全配慮義務（認容判決の破棄）

第4章

実践的人権運動論

Ⅰ　医療分野における主な課題

医療分野における人権運動には歴史的に次のようなものがあります。

１つは医療被害者による告発・再発防止運動、２つ目には難病患者による医療獲得運動、３つ目には医療消費者による医療者との関係性の改善運動です。

ここでは第１の医療被害者による告発・再発防止運動について振り返ってみたいと思います。

１　感染症差別

感染症患者に対する管理・隔離政策と偏見差別は伝染病予防法（１８９７年）に始まり、癩予防ニ関スル法律（１９０７年、ハンセン病）、結核予防法（１９１９年）、花柳病予防法（１９２７年、性病）と続き、戦後はエイズ予防法（１９８９年）もありました。

そして抜本的改善はこれらの法律を廃止し、感染症予防医療法制定（１９９８年）まで約１００年もかかることになりました。その直接的きっかけは薬害エイズ事件による人権運動でした。

ハンセン病については、戦前、戦後を通じ、専門医の小笠原登が患者隔離に反対していましたし、患者自治会も戦後のらい予防法による隔離に反対運動を展開しました。らい予防法廃止（１９９６年）後にハンセン病元患者が提起した国家賠償訴訟（１９９８年熊本地裁、１９９９年東京地裁、同年岡山地裁）

の熊本地裁判決（２００１年）確定後の人権運動は、台湾・韓国の植民地時代の療養所入所者についての訴訟（２００５年東京地裁判決）、家族訴訟（２０１９年熊本地裁判決）と続きました。

2　精神病差別

精神病患者の管理・隔離と偏見差別は、精神病者監護法（１９００年）に始まり、精神保健福祉法制定（１９９５年改正精神衛生法）へと進展しますが、患者差別の法制はなくならず、その後も身体拘束死等の事件が現在進行形で発生しています。

都立松沢病院の初代院長でもあった呉秀三は１９１８年に「精神病者私宅監置ノ実況及ビ其統計的観察」において精神病者の隔離に反対しましたが、１９６４年のライシャワー米大使事件をきっかけに戦後も隔離政策が強化されてきました。

3　医療事故

文献に残る最初の医療事故訴訟判決は１９０５年の東京地裁での請求棄却判決（婦人科手術でのガーゼ置き忘れ事案）のようです。１９７０年代前半の年間提訴数は約１５０件程度であったようですが、その後増加し、２００４年には１１００件を超え、その後減少し、近年では８００件前後で推移しています。

地裁判決での請求認容率（原告勝訴率）については、古くから低迷し（第１期　医師優遇期）、約40％となった最初の時期は１９６０年代から１９７０年代前半で（第２期　患者優遇期）、その後20％台に下がり（第３期　医療理解期）、再び上昇したのが１９９０年代から２０００年代半ばで（第４期　患者の権利台頭期）、近年は20％前後（第５期　第２医療理解期）となっています。

医療事故に対する制度的対策としては都立広尾病院事件（１９９９年）以後の改正医療法等での院内安全対策の強化（２００２年）や産科医療補償制度（２００９年）、医療事故調査制度（２０１５年）があります。

１９９８年に現行民事訴訟法が施行され、２０００年代には地裁医療集中部が設置されました。医療事故は個別事案として扱われることが大半ですが、中には大量被害（筋肉注射による筋短縮症、予防注射によるＢ型肝炎感染事件）や特定医療機関での複数被害（富士見産婦人科事件、歯科アトピー事件、東京医大心臓手術事件、銀座レーシック事件、美容外科事件、群馬大学腹腔鏡手術死事件など）もあります。

４　薬害

医薬品の設計や製造上の欠陥で生じる社会的に許容できない健康被害を、副作用（社会的に許容できる有害作用）とは異なり、「薬害」と呼んできました。

代表的な薬害訴訟にはサリドマイド、キノホルム（スモン）、クロロキン、血液製剤（ＨＩＶ感染、ＨＣＶ感染）、ヒト乾燥硬膜（ヤコブ病）、イレッサ、ＨＰＶワクチン等があります。

そのほかにもジフテリア予防接種、ペニシリン、アンプル風邪薬、種痘、ストマイ、クロマイ、ホパテン酸カルシウム、ＭＭＲワクチン、ソリブジン、子宮収縮剤、ベロテックエロゾル、タミフル等による薬害が社会問題化しました。

国は薬害訴訟で敗訴する都度、被害者への謝罪と再発防止を誓い、薬事法改正等を繰り返してきましたが、薬害はいまだに継続しています。

5　人体実験

非人道的な人体実験の歴史は、戦前のドイツナチス医療と日本の731部隊について戦後に責任を問われましたが、米国でも戦前からのタスキギー梅毒実験が1972年に明るみになりました。

これらの歴史的経験から、世界医師会ヘルシンキ宣言（1964年）、米国国家研究法（1974年）等が生まれました。

日本では米欧日の医薬品共同開発の必要性から、医薬品臨床試験実施基準GCP省令（1997年）が制定されるも、製薬企業の不祥事から臨床研究法制定（2017年）に至っていますが、被験者の権利保障はいまだ充分とはいえません。

Ⅱ　これまでの活動経験（概要）

1　医療事故対策と患者の権利運動

筆者が設立時（1977年）から所属してきた医療問題弁護団（医弁）では、被害者の被害回復・救済だけでなく、医療事故の再発防止をも目的に掲げて活動してきました。

1979年に発刊した「医療に巣くう病根」はそれまで担当してきた個別事案の分析から医療事故

の要因と思われる４つの問題点を取り上げ、シンポジウムを経由して発刊したものです。
①　パターナリスティックな医師患者の関係
②　安全に配慮していない健康保険制度
③　医療者の不充分な卒後安全教育
④　医療者の労働環境悪化
――の４点です。

翌１９８０年の日弁連人権大会では、私を含め３名の医弁団員が大会実行委員として「健康権宣言」の起草を担当して可決されました。

１９８２年からはそれまでの５年間の活動を総括して医療事故防止のための患者の権利を研究し、海外の患者の権利章典なども参考にして、１９８４年に「患者の権利宣言案〜与えられる医療から参加する医療へ」（全国起草委員会）を発表しました。

この患者の権利確立に向けた運動は１９９１年に「患者の権利法をつくる会」の設立に発展し、「患者の権利法要綱案」（１９９１年）、「医療記録法要綱案」（１９９９年）、「医療事故被害防止・補償法要綱案の骨子」（２００１年）、「医療基本法要綱案」（２０１１年）等を発表してきました。

医療基本法の制定に向けて２０１９年に議員連盟ができましたが、コロナ禍もあり現在は議員連盟の活動が停止しています。

医療基本法制定運動は、患者の権利保障を目的とする医療制度づくりで、
①　医療の質・量・財政を公的コントロールの下に置き、

②　政策形成過程への病者・患者・国民参画、
③　関係者の責務の明確化、
④　権利侵害対策を法律化し、
⑤　すべての医療関係法規を見直そう
――とするものです。制定後の運用の監視も不可欠です。

医療基本法については、医療基本法会議編『医療基本法』（エイデル研究所、２０１７年）をご参照ください。

１９９９年に起きた都立広尾病院事件以来、医療事故対策の議論も進展し、医療法改正による院内安全体制（２００２年）、産科医療補償制度（２００９年）、医療事故調査制度（２０１５年）へと発展し、医療事故の無過失補償制度や医療事故防止体制の強化も現在進行形で検討されています。

特に筆者は患者の自己決定権、インフォームド・コンセントの事故防止機能について強調しています。この背景には、医療事故訴訟における説明義務違反判決の積み重ねもあります。

2　薬害対策

(1)　薬害エイズ東京訴訟（１９８９年提訴、東京ＨＩＶ訴訟弁護団）

薬害エイズ東京訴訟においては、結審（１９９５年３月）前は、国民的支援を拡げる運動が中心となり、結審後は国攻めを中心とする運動に転換していきました。

１９９５年７月には支援する会、特に学生の方々が企画した「あやまってよ95人間の鎖」で２００

０人以上が厚生省（当時）を取り囲みました。

そして10月に裁判所和解勧告を受けて、「あやまってよ厚生省、何やってんのよ国会議員、がんばってよ裁判所」のスローガンでの裁判所への「ハガキの嵐大作戦」、12月には再び厚生省前での「サンタも怒るよ、そりゃアンタ」、翌年２月には日比谷公園での原告団坐り込みと続き、坐り込み３日目に厚生大臣が原告団に謝罪することになりました。

坐り込み１週間前には、原告団10名が被告６者（厚生省および企業）の責任者と裁判所で直接面談を行い、被告責任者への感情を抑えた訴えかけが行われました。

そして、一方で厚生大臣が企業へ和解解決を説得しつつ、原告団は３月14日に直接企業攻めを行い、企業５社も原告団に謝罪することとなり、３月29日に裁判所の仲介で被害救済・回復と再発防止を内容とする確認書を締結し、訴訟上の和解が成立しました。

なお、厚生大臣の謝罪については、自社さ政権下で１９９６年１月村山総理の辞任に伴って就任した橋本政権と薬害エイズ訴訟を支援してきた新党さきがけとの政策合意が大きく影響していました。この新党さきがけへの原告団の要請は、国会対策の一環として行われていたものです。

金銭的な被害救済については企業と国により基金が設立され、恒久対策としての治療については国立病院内にエイズ治療研究開発センターが設置され、偏見差別を助長したエイズ予防法廃止と感染症予防医療法制定、薬事法改正等が行われ、毎年１回の定期的な大臣交渉も約束され、今日に及んでいます。

一連の原告団活動について支援した学生達が多くの被害者原告たちと同世代であったことが、支援の輪を広げたと思われます。

(2)　薬害肝炎訴訟（２００２・２００３年提訴、薬害肝炎全国弁護団）

薬害肝炎訴訟では５地裁の各結審から判決言渡しの間に原告団による大きな運動が展開されました。この原告団運動を支援したのも当時の大学生が中心でした。

被害者の多くはお産の時の出血に対するフィブリノゲン製剤の使用によりＣ型肝炎に感染しましたが、その被害者原告たちは多くが支援学生の母親世代でした。

特に激しい運動は２００７年３月東京地裁判決直後の日比谷公園での原告団坐り込みで、第１次安倍政権下での官邸攻めを行い、内閣官房副長官面談（３月）、与党ＰＴ設置（５月）、内閣官房長官面談（６月）を行い、名古屋地裁判決（７月）と仙台地裁判決（９月）を経て、連日の国会審議の中、厚労大臣面談（12月４日）、内閣官房副長官面談（12月10日）を経て、福田総理の政治決断（12月23日）となりました。

５地裁判決はいずれも原・被告双方から控訴されましたが、最初の控訴審であった大阪高裁の担当裁判官との面談で和解勧告を上申しましたが、大阪高裁が国から提案された和解案を裁判所案として原告に提示し「司法の限界」を述べたことで、国会審議に火がつきました。

薬害肝炎では総理大臣決断に基づき、薬害肝炎救済法制定（２００８年１月）、国・企業との基本合意の締結（２００８年１月、９月、12月）、肝炎対策基本法制定（２００９年12月）、厚労省検討委員会「薬害再発防止のための医薬品行政等の見直しについて（最終提言）」（２０１０年４月）と制度改革が行われ、基本合意では年１回の大臣交渉と企業交渉（５年間）も約束され、薬事法（薬機法）改正も行われ、現在に及んでいます。

(3)　今後の医薬品安全対策

戦後70年以上に及ぶ薬害の歴史とその都度の安全対策はそれなりの効果もあったとは思いますが、抜本的改革がなされないまま現在進行形で薬害は起きています。

東京ＨＩＶ弁護団と全国市民オンブズマン連絡会議の呼びかけにより和解成立の翌年１９９７年に「薬害オンブズパースン会議」を設立し、今日まで医薬品民間監視活動を続けています（『医薬品の安全性と法』〔エイデル研究所、２０１５年〕参照）。

２０１０年の「最終提言」までの薬害発生原因の特質は、産官学の癒着と製薬企業のマーケティング戦略にあったように思います。

マーケティング戦略は、

①　企業による医薬専門家の抱き込み

②　新薬開発のための「病気づくり」（medicalization）

③　徹底した宣伝広告

——の３つに分析できると思います。産官学の癒着とりわけ産学の癒着が強かったのではないでしょうか。

最終提言ではこれらの対策を踏まえ、医薬品行政監視評価の第三者組織の創設も提言されています（最終提言のごく一部が２０１４年、２０１９年の法改正で明文化）。

しかし、医薬品業界は２００８年から政府との間で創薬のための「官民対話」（２０２３年まで25回）

を開始しました。公開された配付資料を見ても、薬害防止については対話されていないようです。その後に第2次安倍政権は「健康・医療戦略推進法」（2014年）を制定し、いわゆるアベノミクスの三本の矢の1つとして医療の経済化を図り始めました。条件・期限付承認制度（2014年）、先駆け審査指定制度（2015年）、条件付き早期承認制度（2017年）を行政通知で創設し（2019年薬機法改正で明文化）、さらに特例承認制度（2004年）や緊急承認制度（2022年）を創設し、医薬品の経済化を促進する規制緩和を行っています。その意味で法治行政主義にも反しています。

近年は隠れた産官の癒着が強化されているのではないでしょうか。

3　感染症医療対策

(1)　エイズ、肝炎対策

前記2の薬害がいずれも血液製剤による感染症罹患（HIV、HCV）であったこともあり、両弁護団活動では被害回復の恒久対策として感染症治療体制づくりにも取り組んできました。

法制度改善としては、感染症予防医療法（1998年）と肝炎対策基本法（2009年）の制定、具体的治療体制の改善としてはエイズ治療・研究開発センターの設置と各地エイズ拠点病院の連携（1997年）、肝炎対策基本法に基づく都道府県肝炎対策協議会への患者委員の選任による意見反映などがあります。

(2)　ハンセン病問題

１９９８年からはハンセン病国賠訴訟への取組みも開始されました。１９０７年法律11号「癩予防ニ関スル件」から１９９６年「らい予防法の廃止に関する法律」までの約90年間の人権侵害国策を問う訴訟です。

ことの始まりは元患者・島比呂志氏の患者の権利法をつくる会への投稿「法曹の責任」で、九州弁護士会連合会の取組みに反映され、西日本弁護団による熊本訴訟に発展しました。

熊本地裁（１９９８年７月提訴）、東京地裁（１９９９年３月提訴）および岡山地裁（１９９９年９月提訴）の集団訴訟で、最初の判決であった熊本地裁勝訴判決（２００１年５月11日）後の控訴期間内の２週間の運動で、５月23日の小泉総理の控訴断念の政治決断がなされ、国との基本合意、被害救済法制定、さらにはハンセン病問題解決促進法制定（２００８年）へとつながりました。

また、差別・偏見による隔離政策の原因分析のための検証会議「最終報告書」（２００５年）、さらには再発防止検討会「報告書」（２０１０年）へとつながり、同検討会提言として医療基本法制定も位置づけられました。

筆者が薬害肝炎訴訟のためハンセン病弁護団実務から離れた以降も、被害救済は韓国・台湾の植民地時代のハンセン病療養所入所者の救済訴訟や家族被害訴訟へと拡大されました。

差別・偏見解消政策や高齢化したハンセン病元患者への恒久対策なども現在進行形で続いています。

4　まとめ

これらの事件とりわけ薬害訴訟とハンセン病訴訟では、政府による被害と被害発生構造の放置政策を転換させることを目的として基本戦略を組み立ててきました。司法府と立法府を味方につけて行政府を包囲する戦略でした。

具体的には

①　司法による責任の明確化

②　報道との協働

③　国民のいかりに火をつける支援運動

④　国会対策

⑤　政府（厚労省、官邸）攻め

——を展開することになりました。

これらの運動により司法が国会を、国会が政府を動かすことになったわけです。社会的運動が広がり、報道が拡大されてゆくことで、裁判所内での所長から当該担当部への配慮も加わることになりました。

また、被害者たちも次第に社会的にも自立し「自分のことなら諦められる、人のためなら頑張れる」（薬害肝炎被害者）と運動の前面に登場するようになりました。

Ⅲ　実践的運動論

ここでは個々の訴訟事案における被告責任の明確化に基づき、被害の回復・救済や再発防止の制度化を目的とする人権運動の考え方について解説します。

医療過誤訴訟においては通常被告は民間病院が多く、したがって民間病院の院内安全対策の改善を求めてゆくことになりますが、時として国や自治体が関与する国立病院、国立大学病院、公立病院、公立大学病院については国や自治体への要請も必要となります。

加えて患者安全対策自体が医療制度の根幹に関わる問題でもあるので、国の制度に患者安全の強化を働きかけてゆくことも必要です。

薬害については、製薬企業や業界への安全対策強化のみならず、危険な医薬品を承認し市販後安全対策を怠ってきた国を被告にしているので、薬機法等の改正など医薬品制度の改善を求めることになります。

1　基本戦略

ここでは具体的戦略に入る前に、被害者側弁護士としての基本戦略について解説します。

(1)　被害者の立場に立って、被害者に共感する心を育てる

筆者は司法修習生時代（1974〜76年）に、公害弁護士に憧れ同期で公害研究会をつくり四日市や川崎の公害地を訪れたり、四大公害訴訟の原告弁護団の方々のお話を聞きました。

そこでは、「被害に始まり、被害に終る、事実が弁護士を鍛える」といわれ、被害地に入り被害者の声に耳を傾けることの重要性を教わりました。

新人弁護士1ヶ月目の研究会「医療過誤訴訟の実務」（講演・渡辺良夫）では「患者の心を心として」との言葉の意味することを考えさせられました。

そのような弁護士活動の「心」は依頼人個人の人権回復だけでなく、同種の被害者救済をも視野に入れた積極的な活動（被害の掘り起こし活動）を伴っていました。

公害の場合には、事務所移転も含めて被害地に入る若手弁護士たちを生み、医療問題弁護団では報道とも協働して電話相談受付に発展しました。

(2)　被害者運動の統一

被害者の社会的運動が進展してゆくと1つの危険が生じることがあります。被害者によって社会的要求の優先順位が対立し、被害者団体が分裂して、被害者運動の進展が危機に直面することがあります。

薬害スモンでは原告団・弁護団が3つに分裂したようですし、薬害エイズでも原告団が関東と関西で対立しました。

スモン弁護団からの私たちへの教えは、「被害者団体はなるべく早い時期に統一要求書を作成して

運動を統一化する必要がある」ということでした。

この教えに基づき東京ＨＩＶ訴訟弁護団では原告団の統一要求書作成を支援し、大阪原告団にも呼びかけ、両地裁結審後の運動で共斗を図ることになりました。なお、その基盤づくりを念頭に、東京・大阪両弁護団は訴訟開始時期（１９８９年）から定期的な情報共有を行い、対立団体ではなくライバル団体として協同していたのです。

統一要求書づくりで重要なことは、すべての被害者の要求に優先順位をつけるのではなく、その要求を弁護団が論理的に整理して、すべての要求実現に向けた被害者運動を展開することです。論理的整理とは被害者の要求である①被害の原因究明、情報開示、説明責任②再発防止③責任と謝罪④被害回復のための恒久対策⑤全員一律救済としての補償・賠償などです。

その錦の御旗の下にその後の結集が図られ、被害者運動の分裂が防止されるばかりか、運動力の強化にもつながる、ということになります。

⑶　依頼人・社会との協働を追求する

医療問題弁護団では医療事故の温床として医師・患者関係のパターナリズムを問題にしましたが、私たち弁護士と被害者との関係についても早くから協働活動を追求し、情報共有を促進してきました。協働にとって情報の共有は出発点であり、必要不可欠なものといえます。インフォームド・コンセントでも述べましたが、弁護士と依頼人のあるべき関係は「情報と決断と方策の共有」（木村利人）といえます。

また、社会との協働ですが、社会制度を改革する運動は被害者支援運動づくりや市民運動との連携が不可欠であり、そのためには報道と協働しながら、情報を発信することが不可欠です。そのような運動が成熟した民主主義社会を形成することにもなります。

かつてラルフ・ネーダーは「情報は民主主義の通貨」といい、情報が通貨のように還流して民主主義が発展することを指摘し、さらに「弁護士は公正のエンジン」とも述べました。

(4)　原告団・弁護団・支援者団体の連携

原告団と弁護団との協働に加え、支援者団体を組織して、3団体の連携につなげてゆく運動を「原・弁・支運動」と呼んできました。弁護団にはその連携のコーディネーター的役割が求められます。

支援者団体には社会に対し、原告団と弁護団の動きをパンフレット、ホームページ、集会等を介して情報発信し、その行動をサポートしていただくことになります。そのための協議をある時期から日常的に行うことになり、弁護団の中では運動担当弁護士を配置することになります。

この原弁支運動が「民衆のいかりに火をつけ」（アーサー・キノイ）、報道も巻き込み、司法への一定の影響をもたらしているように思います。

薬害エイズ事件では原告団運動にとって被害者原告のプライバシー保護が最重要課題でした。提訴翌年の第1回集会では原告たちの立つ舞台と観客席の間にカーテンを引き、原告たちがカーテン越しで背後からスポットライトを受けながら語る姿が話題になりました。

各地での小さな集会では弁護士と支援者のサポートを受けながら原告が被害を語り、共感を広げ、原告たちは次第に自立的行動をとるようにもなり、何人かの原告が次第に実名公表やメディアでの顔出しをするようになりました。

東京訴訟における原弁支運動は次第に全国各地に広がり、欧米の薬害エイズ被害者との交流を踏まえた国際的広がりにもなりました。

国会対策での議員まわりも被告攻めも原弁支運動による展開でした。

薬害エイズ事件の経験から薬害肝炎事件でも同様の活動形態が行われました。

ハンセン病訴訟で熊本地裁判決後の官邸攻め、国会審議、テレビ番組への集団出演も原弁支運動の成果といえます。ハンセン病訴訟では原告以外の被害者である全療協（全国ハンセン病療養所入所者協議会）の方々も判決後の原弁支運動に参加することになりました。訴訟開始後しばらくの間、全療協は原告団とは一線を画し、一部には訴訟に批判的な意見もありましたが、長年の苦悩が熊本判決で一気に社会化に向かったようにも思います。

2　具体的戦略

人権運動の目的は社会制度についての政策転換です。

ここでいう政策転換とは、具体的人権侵害とその社会的要因についての放置政策の転換です。真の被害回復・救済等と再発防止策の実施です。

それらの政策転換を加害団体や政府に基本合意で約束させ、その進展についての定期協議を実行させるというものです。

このような政策転換を原弁支運動によって加害団体や政府に要求し、社会的支援の拡大によって政治決断を迫るというものです。

そこでの社会的支援は報道や直接行動を介しての情報提供によって「民衆のいかりに火をつける」運動ともいえます。

薬害エイズ訴訟の終盤、果たしてこの訴訟で勝利することはできるのであろうか、と弁護団も悩み始めた時期がありました。結審後の１９９５年６月最高裁でのクロロキン訴訟での国への請求の棄却判決も影響していました。

そんな時期に米国・民衆派労働系弁護士アーサー・キノイの講演で、彼は会場の弁護士たちに「誤解をおそれずに言えば、裁判に勝つことよりも民衆のいかりに火をつけることの方が重要だ」と述べたのでした。筆者は、その講演での教えで不安も吹っ切れ、勝敗にこだわらずに国民的運動に突入することになりました。

ここでは以上のような考えから展開した①報道との協働②国会対策③政府交渉④公共政策づくりについて述べることにします。

(1)　報道との協働

報道記者は原告・弁護士の活動やそれらの内部情報を探りに接近してきます。弁護士はそのような報道記者に原弁支運動を支援する報道をしてほしくて対応します。このような関係性、つまり双方が相手を利用すべく「対策」の対象とする関係が古くからあったように思います。

しかし筆者は幸いにも１９７６年弁護士登録以来、医療事故対策や患者の権利運動をめぐり報道各社の記者の方々と協働的実践を行う機会を繰り返してきました。ここでいくつかの印象的活動を述べておきます。

1つ目は医療問題弁護団結成のきっかけとなった読売新聞社（当時特集記事「どうする日本の医療」の連載中）への訪問と、それがきっかけとなった「医療ミス告発に援軍〜若手弁護士が相談窓口」（1977年5月15日）の記事でした。

2つ目は1984年の患者の権利宣言起草についての朝日新聞の記事で、一連の起草活動に途中から取材で関与していただいた科学部記者との連携でした。患者の権利宣言案の起草が完成した当日、報道では当該記者だけが起草委員会会議に参加していましたので、翌日の朝刊では朝日新聞の特ダネかと思いきや、その記者はこう言いました。「この患者の権利宣言案起草は朝日の特ダネにするような出来事ではない。これから県庁記者クラブに連絡して記者会見すべきです」。翌朝（月曜日）の全紙が大きく報道してくれたのでした。

3つ目の印象に残る活動は薬害エイズ事件の訴訟提起前の毎日新聞社会部記者との連携でした。このような活動を介し、筆者の報道記者との関係は報道記者を「対策」の対象とするのではなく、正義を回復させるための活動を協働する者として信頼関係を形成すべき対象と位置づけるようになりました。

さて具体的な活動ですが、報道メディア（媒体）は多様です。新聞・雑誌等の活字メディア、TV等の映像メディア、ラジオ等があります。活字メディアは読み返しができ、関心を抱いた読者の理解を促進します。映像は印象には残りますが、内容を具体的に伝えるには充分ではないようにも思います。

報道機関の部局の特質をよく知っておくことも重要です。新聞では社会部、科学部、政治部、社説や解説等を担当する論説・解説委員など、テレビ局では報道局、番組制作局などがあります。

筆者たちは報道の使命の1つが出来事の情報伝達だと考え、出来事づくりに努力してきました。

新聞には全国紙と地方紙があり、国会議員は全国紙よりも選挙区地元紙に注目しているようです。地方紙への配信は共同通信や時事通信に期待します。

特定の報道記者と協働して特ダネとするか、記者会見のような公表形式を活用するかとの視点もあります。特ダネは1社だけではなく、2、3社で特ダネを共有することもありますし、特ダネ的記事の直後に会見をすることもあります。

報道との協働は、以上の特質を理解したうえで戦略化してゆくことが必要と思います。

(2)　国会対策

筆者たちの人権運動は裁判所の責任判断（和解勧告所見、判決）を活用して、国会審議に反映していただくべく、国会議員や政党への要請を行います。

なお、司法判断に基づかない市民運動としての法律制定運動のためのアプローチもあります。

次のようないくつかの段階を踏みながら国会審議につなげてもらう要請を行ってきました。

(a)　全国会議員訪問

約700名の衆参両院の国会議員に対し議員会館内事務所を予約なしで訪問します。これを「国会ローラー」と呼んできました。

1グループ3名（被害者、弁護士、支援者）で15グループほどで分担して、1グループ40～50名の議員事務所（衆参二議員会館）を訪問すると、１日で全議員事務所の訪問が可能になります。

この全議員訪問では多くが秘書対応ですが、少数ながら在所中の議員に面談に応じていただける事務所もあります。

各グループは訪問メモをつくり、全グループで議員事務所の対応を情報共有することになります。

まずは３つの議員会館内での話題づくり、雰囲気づくりから始めます。

原弁支運動では原弁支が各１名で１グループを構成します。事前の配布資料づくりも行い、支援者や原告も初めての議員訪問を経験することで運動も活性化します。

(b)　与野党プロジェクトチーム（ＰＴ）づくりの要請

各政党にも要請書を提出し、各党ＰＴ、与党ＰＴ、超党派議員連盟・議員懇談会づくりを求め、ヒアリング要請も行います。

政党対策については各党別に担当弁護士を配置します。

与党対策を行うので与党幹部（政党役員、厚労部会担当）の議員を知ることにもなり、当該幹部議員の訪問を行います。議員会館事務所だけでなく、週末に選挙区の地元事務所を地元民の原告や支援者が訪問することも重要です。

(c)　院内集会の企画と議員参加要請

積極的な支援をいただける議員、できれば与党議員に院内集会の会場確保をお願いして、院内集会を企画開催し、議員への参加呼びかけを行います。

(d)　国会審議

与党や政府に政策転換を求めるために、野党議員に国会審議を要請します。そのための資料づくりや質問項目づくりを弁護団がサポートします。

時には質問主意書も活用します。国会開会中に議員が所属議会議長を介して内閣に対して行う質問文書で、内閣は原則7日以内に文書回答（答弁書）の交付義務がある制度です。

(e)　議員秘書との信頼関係の形成

国会議員とのやりとりは原則秘書（とりわけ政策秘書）を介して行うことが多く、秘書との信頼関係の形成が不可欠です。

秘書から得られる政界内力学や議員間の多面的パイプを念頭に国会対策を行うことになります。

(3)　政府（厚労省、官邸）対策

国会対策は、政府とりわけ省庁官僚の仕事でもあります。議員とりわけ与党幹部議員訪問の際に、面談の前または後に官僚が訪問していることに出会うことも少なくありません。

官僚情報の入手方法は1つには報道記者から、2つ目には議員秘書からです。

一方で官僚の動きや情報を探りながら、あらゆる人脈を活用して政務官、副大臣、大臣とのパイプづくりにも努力してきました。

筆者たちが対象にしてきた厚生行政では、対策の対象については、政策担当の厚労省のみならず、裁判担当の法務省、予算・財政担当の財務省をも対象にする必要が出てくることもあります。

各省庁への対応の必要性が出てきた際には、直接官邸対策に切り替えることも検討します。

担当大臣や総理大臣の政治的決断の動機は、裁判所（司法府）の判断、国会（立法府）での批判的審議、報道による批判、そして民衆のいかりで、政権が持ちこたえられないと感じることではないでしょうか。

薬害エイズ訴訟での橋本政権下での新党さきがけ方針（菅厚生大臣）、ハンセン病訴訟での小泉総理決断、薬害肝炎訴訟での福田総理決断を経験してそう感じました。

(4)　公共政策づくり

原弁支運動で報道記者と協働し、国民のいかりに火をつけ、国会対策・政府対策が成功し、政治決断がなされた後には、①政府の法的責任の受け入れと謝罪 ②基本合意書の締結 ③被害の回復・救済と再発防止策についての公共政策化（法案づくり）をすることになります。

被害の回復・救済については、治療や偏見差別解消などの恒久対策立法と金銭的補償・賠償のための被害救済法制定があり、訴訟上の原告については和解による裁判上の解決手続が進行します。

再発防止の公共政策化については、制度そのものを見直す法改正のために原因分析検討委員会による提言報告のようなものも必要となります。

新しい制度は運用の監視も必要となり、そのための原告団・弁護団と担当大臣との定期協議の約束も必要です。

筆者が直接的に立法に関わった法律は以下のとおりです。

① エイズ予防法制定反対運動として1988年12月6日参議院社会労働委員会（参考人）

② 1996年4月17日の民事訴訟法改正審議（文書提出命令）における衆議院法務委員会（参考人）

③　エイズ予防法廃止と感染症予防医療法制定についての1998年4月21日の参議院国民福祉委員会（参考人）

このほかにも、以下の法律制定について議員要請活動を行いました。

①　患者の権利についての医療法改正（1992年）
②　肝炎対策基本法制定（2009年）
③　医療事故調査制度についての医療法改正（2015年）
④　薬事法・薬機法改正（2014年、2019年）

別表

弁護士47年間の医療と人権に関する活動概要

１９７６年　弁護士登録（東京弁護士会）
青年法律家協会主催「医療過誤訴訟の実務」（講師・渡辺良夫）に参加
１９７７年　医療問題弁護団（医弁）設立に参加（事務局次長、事務局長、代表、顧問）
１９７８年　東京弁護士会シンポ（講師・新堂幸司）「訴訟提起前におけるカルテ等の閲覧・謄写について」（判タ３８２号10頁）
医弁・医療事故再発防止のための集会『医療に巣くう病根』（１９７９年冊子発行）
１９７９年　第１回全国医療問題研究会・弁護団交流集会（名古屋）開催
１９８０年　日弁連人権大会「健康権宣言」、「医療過誤訴訟の手引」発刊（東京弁護士会）
１９８１年　日本医事法学会入会（理事、監事）
１９８４年　患者の権利宣言案の提案と全国集会（全国起草委員会事務局長）
１９８５年～87年　東弁人権委員会医療部会で「精神医療、感染症医療と差別」を研究
１９８６年　「シドニー’86　保健医療の法と倫理に関する国際会議」参加
１９８８年　『医療事故と患者の権利』（共編著、エイデル研究所）出版
エイズ予防法制定に反対（参議院社会労働委員会参考人）

１９８９年　東京弁護士会「ＡＩＤＳ・ＨＩＶ感染をめぐる差別人権侵害例（中間報告書）」
医療事故情報センター設立準備会に参加（設立時副理事長）
「ロンドン'89　保健医療の法と倫理に関する国際会議」参加
日本生命倫理学会入会（評議員、理事、事務局長理事、監事）
薬害エイズ訴訟提訴（東京弁護団事務局長、１９９６年和解・確認書）

１９９０年　「医学文献のコンピューター検索」を発信（医療事故情報センター・センターニュース26号）
日弁連・製造物責任　米国（ニューヨーク）視察

１９９１年　患者の権利法をつくる会設立に参加（常任世話人）
＊患者の権利法要綱案（１９９１年）、医療記録法要綱案（１９９９年）、医療被害防止補償法要綱案骨子（２００１年）、医療基本法要綱案（２０１１年）

１９９２年　医弁講演会「患者の権利運動と法律家の役割」（講師　ジョージ・アナス）開催
『患者の権利法をつくる』（共著、患者の権利法をつくる会、明石書店）および『あなたが医療の主人公』（共著、患者の権利法をつくる会、大月書店）

１９９３年　『人権ガイドブック』（共著、花伝社）、『患者の権利とは何か』（岩波ブックレット）発刊

１９９６年　新民事訴訟法制定（文書提出命令に関する衆議院法務委員会参考人）

１９９７年　薬害オンブズパースン会議設立に参加（代表）

１９９７年～98年　東京女子医科大学バイオメディカルカリキュラム受講（29期生）

１９９８年　エイズ予防法廃止、感染症法制定（参議院国民福祉委員会参考人）

1999年　ハンセン病東日本訴訟提訴（弁護団副団長、2001年和解）
2000年　患者の権利法をつくる会「患者の権利　米国視察」参加
2000年～　最高裁民事局と医療専門弁護士との意見交換会（年3回程度）
2001年　東京三弁護士会医療関係事件検討協議会（委員）
　医弁に政策班設置
　『医療事故の法律相談』（共編著、学陽書房。2009年に全訂版発刊）。『医療事故・カルテ開示・患者の権利』（共編著、患者の権利オンブズマン、明石書店）
2001～02年　「訴状書き方試案」「争点整理の手法」「敵性医師尋問の心得」「鑑定評価基準」を医弁通信等で発信
2002年　『薬害エイズ裁判史』（共編著、日本評論社）
　薬害肝炎訴訟提起（全国・東京弁護団代表、2008年基本合意・和解）
　医療法人健和会倫理委員会委員
2003年　明治大学法学部客員教授
2004年　明治大学法科大学院専任教授として医事法学教育を担当（2017年定年退職）
2005年　薬害対策弁護士連絡会（薬害弁連）設立に参加（共同代表）
　中日民商法医事法検討会（中国東南大学・南京大学）講師
　診療行為関連死亡調査分析事業委員
2006年　『新・患者の権利オンブズマン』（共著、患者の権利オンブズマン、明石書店）

２００７年　東京三弁護士会に医療ＡＤＲ設置
東京都医療安全推進協議会委員

２００８年　ＮＨＫ「プロフェッショナル・仕事の流儀」出演
ＡＥＲＡ「現代の肖像」の取材
明治大学と西シドニー大学との交流（シドニー）に参加

２００９年　産科医療補償制度発足（準備委員、運営委員、原因分析委員）
「ハンセン病問題に関する検証会議の提言に基づく再発防止検討会報告書」による医療基本法提言（検討会委員）

２０１２年　『薬害肝炎裁判史』（共編著、日本評論社）発刊
獨協医科大学医学部特任教授（２０２２年任期修了）

２０１４年　薬害弁連と薬害オンブズパースン会議がＨＰＶワクチン薬害の実態調査を開始

２０１５年　『医薬品の安全性と法――薬事法学のすすめ』（共編著、エイデル研究所）発刊
医療事故調査制度発足（総合調査委員）

２０１７年　『医療基本法――患者の権利を見据えた医療制度へ』（共編著、エイデル研究所）発刊
明治大学定年退職・名誉教授、学長特任補佐（２０２０年まで）
日本生命倫理学会名誉会員

２０１９年　明治大学エグゼクティブビジネスプログラム２０１９秋期「組織ガバナンスと弁護士の役割」企画・実施

判例索引

損害賠償《そんがいばいしょう》訴訟《そしょう》と弁護士《べんごし》の使命《しめい》——医事関係訴訟《いじかんけいそしょう》を素材《そざい》に

2023年11月30日　第1版第1刷発行

著　者　鈴木利廣《すずきとしひろ》
発行所　株式会社　日本評論社
　　　　〒170-8474　東京都豊島区南大塚3-12-4
　　　　販売　03-3987-8621　-8590（FAX）
　　　　編集　03-3987-8631　-8596（FAX）
　　　　振替　00100-3-16　https://www.nippyo.co.jp/
印刷所　平文社
製本所　井上製本所
装　幀　末吉亮（図工ファイブ）

ISBN 978-4-535-52765-2